頼《らい》清《せい》徳《とく》

世界の命運を握る台湾新総統

周玉蔻 著
矢板明夫 翻訳・編著

産經新聞出版

はじめに――矢板明夫

頼清徳氏にこれまで3回、単独インタビューしたことがあった。1回目は2019年5月、頼氏が行政院長（首相）を辞任し、翌年の総統選挙に向けて民主進歩党の党内予備選の立候補を表明したあとに、来日したときだった。

夜10時過ぎ、頼氏が宿泊する都内のホテルの部屋に案内された。日本の政財界要人や在日台湾人団体の幹部らと会談、会食を重ね、その日の過密スケジュールをこなした後の頼氏は、やや疲れた表情を見せながら、私の質問に対して約一時間、丁寧に答えてくれた。

印象的だったのは、党内予備選のライバル、現職の蔡英文氏への批判はほとんどなく、中国の習近平政権の台湾に対する統一攻勢や、浸透などへの懸念を繰り返し強調していたことだ。

２回目のインタビューは２０２０年2月、頼氏が副総統に当選したあとで、まだ就任していないときだった。話題の中心となったのは、中国発の新型コロナウイルスが世界中に蔓延し始めたことだった。「元医師としてコロナウイルスの脅威に高い関心を持っている。中国の不透明かつずさんな対策を憂慮している」と頼氏は熱く語っていた。

３回目のインタビューはその約1年後の２０２１年３月で、東日本大震災から10年が経ち、産経新聞の特集「３・11を想う」に登場してもらった。２回に分けて副総統官邸を訪ね、一緒に朝食をとりながら様々な話を聞いた。

頼氏は東日本大震災当時、台南市長を務め、日本支援の先頭に立っていた。風評被害で外国人観光客が激減した台南の友好都市、栃木県日光市を支援するために、頼氏は震災の３カ月後、約３００人の台南市民を連れて、「行こう日光」と書かれたＴシャツを全員が着て、鬼怒川温泉などを回った。「ほかの観光客はほとんどいなかったので、私たちはどこに行っても大歓迎されたよ」と語った時の頼氏の表情はこれまでの取材と異なり、柔らかかった。「この人が総統になれば、日本と台湾の関係はもっと良くなるだろう」と思ったものだ。

＊

はじめに

本書で詳しく紹介したように、貧しい母子家庭に生まれ、苦学して医師となった頼氏が、政治の世界に入ったきっかけは、国民党一党独裁政権の腐敗ぶりへの怒りだった。

日本のメディアが頼氏の政治的スタンスを紹介するとき、よく「中国と距離を置く」「対中強硬派」と表現する。しかし、何度も直接、話を聞いているうちに、頼氏は別に中国人や中国文化を拒否しているわけではなく、一党独裁の中国共産党政権に対して、根強い不信感があることが伝わってきた。

一方で、頼氏はよく「親日的」「米国に近い」といわれる。頼氏と接していると、それを強く感じることがある。自由と民主主義の価値観を共有していることからの親しみと同時に、中国の脅威に対抗するために、「日米との連携を強固なものにしなければならない」という危機感が根底にあるとみられる。

頼氏は若いころ、「台湾独立運動」に参加したことがあった。「台湾独立」という言葉は中国を刺激し、台湾侵攻の口実にされかねないことから、総統を目指すようになってからこの主張を封印している。総統選挙の期間中、頼氏は何度も「台湾はすでに主権独立の国家であるため、改めて独立を宣言する必要はない」と強調していた。戦争のリスクを低くするためなら、対中政策をある程度、調整できる現実的な一面を見せている。選挙期間中、頼氏は「中国人留学生を健康保険の適用対象にする」といった公約を発表し、「習近平氏と食事をしたい」と中国に対し善意のメッセージを送っていた。

しかし、中国の習近平政権は頼清徳政権の誕生をけっして快く思っていないようだ。台湾の総統選挙投票の2日前の今年（2024年）1月11日、中国政府で台湾政策を担う国務院台湾事務弁公室の報道官は、頼氏を「頑固な台湾独立工作者」と名指しで攻撃し、頼氏が当選すれば「台湾を平和と繁栄から遠ざけ、戦争と衰退に近づける」と警告を発していた。

頼政権発足後、中国の台湾に対する統一攻勢は一層強くなることが予想される。中台両岸の軍事的緊張は、さらに高まる可能性がある。国際情勢は複雑で瞬時に変化するため、今後、台湾海峡で戦争が起こるかどうかについて、今のところ、誰にも予測できない。

これから4年間、頼氏は、戦争を回避しつつも、台湾の民主主義と台湾人民の自由な生活スタイルを守るという難しいかじ取りをすることになる。

これまでの波乱万丈の人生でさまざまな困難を乗り越え、凶を吉に転じたように、頼氏が率いる台湾も、安定と繁栄を保ち続けることを祈ってやまない。

同時に、私は日本も頼清徳氏と台湾を支援すべきだと考える。ウクライナがロシアの侵

はじめに

略に抵抗する要塞として、欧州の民主的自由を守っているように、台湾も最前線で中国の脅威に対抗し、私たちの民主と自由を守っているからだ。

本書は台湾を代表する著名なジャーナリスト、周玉蔻氏によって執筆され、今年1月の台湾総統選挙前に出版されて、ベストセラーとなった。原著は700ページを超える大作だが、翻訳時に台湾の内政に関する内容を割愛した。日本の読者がより理解しやすいように歴史的背景の説明を追加した。また、総統選挙後の内容を第1章として追加し、日台関係に焦点を当てた第2章を新たに設けた。

翻訳作業においては、私の友人、東京新聞元中国総局長の平岩勇司氏から重要な協力を得た。出版に際しては、産経新聞出版の瀬尾友子氏からのサポートと配慮に感謝する。

この本を通じて、日本の読者が、頼清徳氏という人物を知るだけではなく、台湾の歴史と文化に触れ、日台関係や国際情勢に対する理解を深めることを期待する。

2024年4月

矢板明夫

本書は 周玉蔻著『萬里「清德」的挖礦人生』を
日本の読者向けに翻訳し、加筆したものです。

頼清徳◎目次

カバー写真　民進党提供
本文写真　著者・民進党提供
装　丁　神長文夫＋柏田幸子
DTP　荒川典久

第1章

民主主義を守った総統選挙

「台湾人は民主主義を守った」

２０２４年1月13日夜、台北市中心部にある政権与党・民主進歩党本部前の広場は、熱気に包まれていた。４年に一度行われる台湾総統選挙の開票速報が、巨大スクリーンに映し出されていく。注目はもちろん、現職の副総統で民進党候補の頼清徳。得票数で他候補と差をつけるたびに、支持者から「ライ（頼）・チン（清）・ダ（徳）！」コールが繰り返される。一人一人が手に持った「選対的人　走対的道（正しい人を選び　正しい道を行く）」と書かれた旗が波のように揺れる。午後7時50分、当選ラインとされる５００万票を超えると地鳴りのような歓声が沸き起こった。

対立候補の2人から、頼清徳に当選を祝福する電話が届く。対立候補が敗北を認めることが、台湾総統選挙の「当確」の合図だ。面積で日本の10分の１ほど、九州と同じ大きさに２３００万人を超す市民が住む台湾（中華民国）で第16代（８人目）の総統が決まった。得票が５５０万票を超えた午後8時36分、頼清徳がいつも通りの黒地のスーツを着込んで、民進党本部前の臨時プレスルームに現れた。傍らには、同じく第16代副総統への就任を決めた蕭美琴・前駐米台北経済文化代表処代表（駐米大使に相当）が笑顔で歩調を共にしている。台湾では総統候補と副総統候補がペアを組んで有権者の選択を受ける。台湾人

台湾人は民主主義を守った

の父と米国人の母を持ち、日本の神戸市で生まれた経歴を持つ彼女も頼とともに選挙戦を戦い、勝利を得たのだ。

「台湾人民は民主主義に新たな1ページを刻んだ。民主制度を大切にする私たちの姿を世界に示した。私たちは永久に民主主義を放棄しない！」

64歳にして最高権力者の座を得ることになった頼清徳は、世界各国から集まった300人近い報道陣の前でそう話した。記憶力が抜群で、いつもは原稿なしで演説する彼も、この夜ばかりは演説内容が映されるモニターを頻繁に見ながら、言葉を慎重に選んだ。

「台湾の人々は、自らの行動によって外部勢力の介入に抵抗し、成功した。これは、自分たちの手によって、総統を選ぶことの大切さを知っているからだ」

これはもちろん、中国からの選挙介入を指す。

「台湾は民主主義と権威主義の間で、民主主義の側に立つことを選ぶと世界に示した。中華民国台湾は、今後も国際社会の民主主義国家と肩を並べ、行動を共にしていく」

中国を刺激するような言葉を避けつつ、台湾は今後も民主と自由の道を堅持していくことを高らかに宣言した。さらに、中国との対話を進める意思を強調することも忘れなかった。

「台湾海峡の平和と安定維持は、総統としての最も重要な使命だ。現在の憲法にのっとり、私は現状維持をしていく。相互の尊厳を前提に、対立を対話に置き換え、自信を持って中国との交流と協力を開始する」

記者会見を終えた後、頼清徳は蕭美琴らと共に、支持者が待つ隣のステージに立った。民進党のシンボルカラー・緑色のウインドブレーカーをまとい、高揚した表情で熱狂する支持者の前で叫んだ。

「民主主義を守りました！　私たちは『台湾』を世界が知るキーワードにしたのです」

喜ぶ会場からは「私たちは中国人ではない。台湾人だ！」という声も上がった。

3期目の壁

前年（2023年）の11月下旬から本格的に始まった総統選挙は、頼清徳にとって決して容易なものではなかった。選挙期間中は、3つの「壁」が彼の前に立ちはだかった。

まずは、同一政党が3期続けて政権を取ることがないという「3期目の壁」だ。台湾の政界は長年、中国政府と融和的な姿勢の国民党と、台湾の自立を重視する民進党の二大勢力が政権の座を争ってきた。総統選挙の直接投票が始まった1996年は、国民党の李登輝が当選。その後、2000〜2008年は民進党の陳水扁、2008〜2016年は国民党の馬英九、2016〜2024年は民進党の蔡英文と8年おきに総統が交代した。

台湾では第2次世界大戦後に日本の統治が終わった後、毛沢東率いる共産党との内戦に敗れて中国大陸から放逐された蒋介石の国民党が独裁政権を敷いた。同じ漢民族でも、大陸から台湾に流れ着いた「外省人」と言われる人々が、台湾に以前から住んでいた「本省人」と言われる人々を支配する時代が長期にわたり続いた。独裁時代の記憶は市民の間に色濃く残っており、台湾の有権者は今も長期政権を嫌う傾向にある。総統は憲法の規定で2期8年までと決まっており、現職総統が任期満了した後の選挙は新人同士の戦いとなるため、政権交代が起きやすい面もある。

2020年の総統選挙では、現職の総統で民進党の蔡英文が史上最多の817万票を勝ち取り、再選を果たした。前年に中国政府が香港の民主化デモを弾圧しており、「今日の香港は明日の台湾」という危機感が広まり、中国政府と距離を置く民進党の蔡英文が「民主主義を守る」と訴え、結果的に票が集まる「追い風」効果もあった。

今回の総統選挙では中台関係は突出した争点にはならず、むしろ焦点は内政問題だった。4年の間で物価や住宅価格が高騰し、半導体産業とそれ以外の業種の格差拡大などが顕著となり、政権の責任を問う声が高まった。民進党の立法委員（国会議員に相当）と中国人女性との不倫発覚や、選挙候補者の学歴詐称などのスキャンダルも相次いだ。蔡英文による2期8年間で、長期政権の「緩み」が指摘されるようになった。

そんな逆風の中、総統選の1年前から民進党主席（党首）に就任した頼清徳は、セクハラ疑惑が発覚した党幹部を辞任させるなど、党内に厳しい姿勢で臨んだ。「不正を一掃する」と強調し、彼のイメージである「清廉さ」を有権者に訴えた。しかし、ある世論調査では「政権交代をした方がいい」という回答が6割を占めていた。

三つどもえの壁

総統選挙は通常、民進党と国民党の有力候補が対決する構図となるが、今回は様相が異なった。当選の可能性がある有力候補者が３人出馬するという「三つどもえの壁」に直面した。

最大野党・国民党からは新北市の市長、侯友宜が出馬した。４００万人が暮らす新北市は台湾で最も人口の多い都市だ。警察官僚だった侯は立てこもり事件の容疑者を説得して投降させるなど重大事件を次々と解決し、その知名度は高い。選挙期間中は「国民党政権なら中国との対話を進め、台湾海峡の緊張を緩和できる」と訴え、「戦争をしたい人は台湾独立派の頼氏に投票を。平和を望む人は私を選んでほしい」と一種のネガティブキャンペーンも展開した。

そして今回は、第３勢力の民衆党から柯文哲候補が登場した。この政党はいわば、柯の「個人商店」だ。首都・台北市の市長を務めていた柯は、給与が低い若年労働者の賃上げを促進し、経済的余裕のない若い夫婦が住宅を購入できるよう支援するなどして、若者層を中心に高い支持を得ていた。歯に衣着せぬ言動が注目を集め、前言を翻すことも多いのだが、それも「本音の政治家」として魅力的にとらえられた。

「伝統的二大政党は民意を反映していない」と主張し、第2野党の民衆党を設立。物価の高騰や経済格差の拡大でしわ寄せを受ける市民らの不満を吸収する形で支持を広げ、総統選挙では台風の目となった。

台湾では政治を巡る世論調査が頻繁に行われる。毎月行われた総統選挙の支持率調査では、頼清徳が支持率で常に30％台半ば以上をキープしてトップの座を維持していたが、侯友宜と柯文哲もそれぞれ20％台から時には30％を超え、肉薄していた。単純計算すれば、野党2候補の支持率の合計は頼を上回っていた。

野党陣営は総統選挙が本格化する前、候補の一本化に一時合意した。しかし候補者届け出締め切り前日の2023年11月23日、台北市内のグランドハイアットの会談で交渉は決裂。民進党陣営にとっては安堵する結果となったが、ある党の幹部は「これまでは国民党を批判すれば良かったが、今回は相手が2人いる。一方を批判すれば他方が浮上するかもしれない」と話し、従来の戦略が通用しないことに苦慮した。総統選は異例の「台湾版三国志」の戦いとなった。

中国の壁

そして総統選では必ず問題となるのが、「中国の壁」だ。

「台湾は中華人民共和国の一部」と主張する中国政府は、総統選挙で陰に陽に干渉を繰り返してくる。干渉とはすなわち、中国と距離を置き、「独立」志向が強いといわれる民進党への圧力だ。

野党の国民党は「中華民国こそが中国の正統な国家」と主張するが、「中国は一つ」という方針は大陸の中国政府と変わらない。これに対し民進党は大陸との統一にこだわらず、「台湾」「台湾共和国」といった国号で国際社会に承認を得たいと考える政治家が多い。これは中国政府にとっては許しがたい「国家分裂行為」であり、総統選挙では常に民進党候補者の当選を食い止めようと工作を図っている。

特に頼清徳は長年、「私は実務的な台湾独立工作者（主義者）だ」と何度も公言している。中国政府は選挙前から「掛け値なしの台湾独立派」「徹頭徹尾のトラブルメーカー」「平和の破壊者」と頼を名指しで非難。蔡英文の選挙の時は控えていた個人攻撃を繰り広げた。

総統選挙の介入では、中国政府は「アメ」と「ムチ」を使い分けるのが定番だ。

選挙戦の終盤、中国の税関当局は台湾からの輸入を制限していた高級魚ハタの輸入を解禁すると発表した。しかもわざわざ「国民党が輸入再開を強く願い、それに応じた」と注釈を付けて。ハタの産地は、民進党が地盤とする台湾南部が多い。「中国政府と友好的な国民党に投票すれば、台湾にとって経済的な利益が広がる」という「アメ」をちらつかせ、さらに台湾対岸に位置する福建省と台湾の経済協力を推進する施策を打ち出した。「アメ」と並行して「ムチ」も振るった。中国商務部は、台湾から輸入する繊維原料などの化学製品12品目について、関税優遇措置を停止すると表明。農水産業や機械、自動車部品など台湾の幅広い主要産業についても輸入品の関税優遇を止める検討に入ったと発表した。

経済的圧力だけでなく、軍事面でも威圧をかけた。投票日が近づくと、台湾本島上空に中国の気球が飛来。1月9日には事前通告なしに衛星を搭載した中国のロケットが本島上空を通過した。「台湾独立派の頼氏が当選すれば、中国との緊張が高まる」という野党候補の主張と呼応するような動きを見せた。

こうした表立った措置とは別に水面下の工作も激しかった。中国寄りの国民党に有利となるよう中国が選挙中に多くのニセ情報を流し、投票行動に影響を与えようとするのは常套手段となっている。今回も中国の指示を受けて、「国民党の侯友宜候補が優勢になった」と捏造した世論調査をネットメディアで報じたとして、記者が逮捕された。ある無所属の女性候補は、中国から暗号資産（仮想通貨）を利用して選挙資金を受けて選挙活動を行った容疑で拘束された。

また、台湾各地の里長（町内会長）を格安で、もしくは実質無料で中国旅行に招待することも珍しくない。地元の有力者である里長は今も住民の投票に大きな影響を持っており、「里長が支持する候補者に投票する」という住民は少なくない。２０２３年には台湾の７０００人余りの里長のうち、１０００人以上が招待を受けたという報道もあった。こうした大陸からの揺さぶりは押し寄せる波のように相次いだ。

「独立」を封印

政治家になって以来、「台湾独立主義者」と表明してきた頼清徳は、総統選の1年前に民進党の候補者となって以来、独立論を一切封じた。「台湾は既に独立しており、独立を改めて宣言する必要はない」と強調し、「独立」でも中国との「統一」でもなく、蔡英文政権と同じ「現状維持」路線を取り続けると何度も表明した。世論調査によれば、８割以上の台湾市民は「独立」でも「統一」でもなく「現状維持」を望んでいる。中国との過度な対立を避けつつ、後ろ盾である米国政府も独立は望んでいないことから、市民はバランスを重視した選択をする。

「台湾海峡の平和と安定維持は、最も重要だ。現在の憲法にのっとり、私は現状維持をしていく。相互の尊厳を前提に、対立を対話に置き換え、中国との交流と協力を開始していく」。持論を封印しつつ、中国に対話を求めていくと訴え続けた。

一方の最大野党・国民党陣営では、足並みが乱れた。かつての総統で党の重鎮・馬英九がドイツメディアの取材で「中国の習近平国家主席は信用できるか」と問われ、「両岸（中台）関係に限っては信用すべきだ」と回答。国民党が中国に融和的な姿勢とは言え、香港の民主化運動を弾圧した中国政府のトップを「信用すべき」という発言は、世論の反発を招いた。国民党候補の侯友宜があわてて「私の考えとは違う」と釈明するなど、火消しに追われた。

また、「台風の目」だった第2野党・民衆党の柯文哲も失速した。選挙では「独立や統一論議は無意味」として中国との距離についてはあまり明確にせず、経済政策や生活問題に焦点を当て、一時は多くの支持を集めた。しかし、いったんは国民党との野党統一候補で合意したことから「本来は民進党寄りの柯文哲が国民党寄りに変節した」という見方が広がった。さらに最終的に統一交渉のテーブルを蹴飛ばしたことで、混乱を引き起こしたとみなされて支持率が低下した。

各陣営が浮き沈みを繰り返しながら、選挙戦は続く。台湾の選挙と言えば、バスの側面に候補者の顔が大きくラッピングされたり、さらには高層ビルの側面に怪獣並みに巨大な候補者の全身が写真のように描かれたり、「ド派手」さが特徴だ。選挙集会は歌やダンスのショーがあり、フェスティバルやコンサートのように盛り上がる。

その中で今回の総統選は、インターネットを駆使した「空中戦」とも言われた。第３勢力・民衆党候補の柯文哲は都市部や若者層には人気だが、地方都市に選挙基盤を持たないため、ネットでの選挙運動を展開した。政策を語る動画ばかりではなく、「料理を作る」「ダンスを踊る」といった「ゆるい」動画もアップし、若者たちを引きつけていた。

ネット上では、生成ＡＩ（人工知能）で作成したとみられるニセの動画などが出回り、やはり中国の関与が指摘された。そして投票日まで２週間を切った１月２日、頼清徳のユーチューブで流し始めたわずか４分間のＰＲ動画が、空中戦を制することになる。

勝負を決めた動画

動画は、現職総統の蔡英文が乗用車のハンドルを握り、助手席に頼清徳が座り、美しい海辺をドライブするシーンから始まる。蔡が前方を見ながら「あなた、私が運転する車に乗ったのは初めてかしら？」とつぶやくと、頼が「いいえ、もう4年も一緒に路上にいましたよ」と答える。そして「これまでの乗り心地は？」という蔡の質問に、「充実していました。挑戦にも満ちていた」と応じる。

実は2人には「因縁」がある。蔡英文が総統1期目の任期終了まであと1年となった2019年、民進党の次期総統選候補を決める予備選挙に頼清徳が出馬したのだ。誰もが蔡の再選を目指し、予備選挙に対抗馬は出ずに無風で終わると思っていた。当時の頼は蔡政権下で務めていた行政院長（首相）を辞職し、フリーの立場だった。しかし、それは「造反」とも言える行為だった。

すったもんだの末、予備選挙では蔡英文が勝利した。そして1年後の総統選では、蔡はあえて頼清徳を副総統候補に指名し、ペアで当選を果たした。ただ、予備選挙の対立で2人にわだかまりが残っていると見る向きも少なくなかった。PR動画の冒頭で蔡が「あなた、私の車に乗るのは初めて？」という問いに頼が「4年も一緒にいた」と答えたのは、

勝負を決めた動画のワンシーン

2人が総統と副総統として4年間、苦楽を共にしてきたことを表現している。2人の関係が「微妙」だと有権者が感じているということを前提としたやりとりだ。

動画では続いて、頼清徳が「安全運転していますね」とつぶやき、蔡英文が「あなたが横で見ていてくれるから」と返答する。蔡の政治手腕が安定しており、それは頼が支えているからだ、という意味だ。さらに、蔡が「風が強くて、あなたのセンター分けの髪型が乱れるのを心配している?」と話しかけ、頼が「いや、そんなにセンター分けを意識しているわけじゃないですよ」とあわててルームミラーを見るシーンもある。これは、「真面目すぎる」「完璧主義者」という印象の頼が「そんなに堅物ではないよ」とユーモアを込めて暗示している。

動画は最後に、蔡英文から車のキーを受け取った頼清徳が運転席に移動し、助手席に副総統候補の蕭美琴が座る。蔡が車外から「あなたたちは絶対に私よりも運転が上手よ」と見送る。ドライブを続ける中、今度は蕭が頼に「猫と犬、どっちが好き？」と尋ねる。蕭は大の猫好き、頼も犬好きで知られる。頼は笑って「君が何を言いたいか分かっている。でも、民主社会は多元的なものを受け入れるからね」と答える。そして最後に「我們一起、在路上（私たちは同じ道の上にいる）」と画面に文字が映る。

民進党はそもそも、国民党の長期独裁政権と闘い、民主化を求めていた人々が結集して成立した政党だ。いわば「寄せ集め」の側面があり、急進的に独立を求める闘士から現状維持が第一という穏健派まで、政策や主張は幅広い。学者出身の蔡英文はもともと国民党の李登輝総統のブレーンを務めていた。民進党一筋で台湾独立を掲げてきた頼清徳とは距離がある。

この動画はそうした現状を逆手に取ったもので、主張や立場の違いは「多様性」の証左であり、互いを認め合い強調していく精神が台湾社会を発展させていく、とアピールしたものだ。動画は「まるで映画のワンシーンのようだ」と評判を呼び、インターネットで1

000万回以上も再生され、頼清徳・蕭美琴ペアの勝利を決める「決定打」と言われた。こうして頼は、中国の干渉を乗り越え、三つどもえの戦いを制し、3期目の壁を破ることに成功した。

苦難の船出

今回の総統選の投票率は71・86％だった。4年前の総統選より3ポイントほど低いものの、その投票率の高さは、有権者が「自分たちの代表は自分たちで選ぶ」という熱意の反映と言える。投票日の1月13日は各地で晴天となり、1万7795か所ある投票所では、午前8時の投票開始時刻前から有権者が列をなす光景が見られた。

台湾の市民は海外で暮らす人も多いが、在外選挙制度はない。自らの1票の権利を行使するため、今回も多くの市民が海外から戸籍地に戻る姿があった。期日前投票もなく、たった1日の投票日に有権者は自らの意思を投じている。

台湾と言えば世界有数のデジタル先進国だが、選挙の開票作業は黒板などに候補者の名前を書いた用紙を貼りつけ、マジックで「正」の字を書いて1票ずつ計算していく。まるで学校のクラス委員長を選んでいるようだが、国民党の長期政権時代、選挙で不正が横行していたことから、開票や集計はすべて「見える化」している。

そして民意は、頼清徳を次の指導者に選んだ。

ただ、当選確定後の記者会見で、彼の表情は決して笑顔ではなかった。最終的な得票は558万6019票。得票率は40・05％だった。4年前に史上最多の得票となった蔡英文の817万票（得票率57・13％）と比べると大きく減少している。一方、国民党候補の侯友宜は467万1021票（得票率33・49％）、民衆党候補の柯文哲は369万466票（26・46％）を獲得した。2人合わせると、頼清徳の得票数の1・5倍となる。

さらに総統選挙と同時に行われた立法委員（国会議員に相当）選挙で、民進党は大きく議席を減らした。台湾の立法委員選挙は日本の小選挙区比例代表並立制に似ている。有権者は投票用紙の、小選挙区で投票したい候補者の名前のところと、比例区で投票したい政党名のところにハンコを押す（ただし日本のような小選挙区と比例区の重複立候補はない）。立法院（国会に相当）の定数113議席のうち、民進党は前回獲得した61議席から過半数割れの51議席に減少。野党第1党の国民党は38議席から52議席に躍進し、議会第1党となった。さらに第2野党の民衆党も5議席から8議席を獲得。民進党は比例代表の得票数は498万票で前回より17万票上積みしており、逆に国民党は476万票で前回より

4万票しか増えなかった。しかし、民進党は各地の接戦の小選挙区で国民党に敗れたことが響いた。

結果、立法委員選挙ではいずれの政党も過半数に満たず、第3勢力の民衆党が民進党と国民党どちらかの政党に協力すれば過半数にようやく届く構図となった。

台湾の民意はまるで「神の見えざる手」のごとく、特定の政党に権力が集中しすぎないようにコントロールするのが特徴だ。総統選挙で民進党が勝てば地方統一選挙では国民党が勝利するように、独自のバランス感覚を発揮する。実際は独立国家でありながら世界のほとんどの国家から国家として承認されておらず、巨大な隣国・中国と、後ろ盾でありながら距離の遠い米国との狭間で生きていかねばならない。そんな不安定な立場で安定を求めるため、政治を極端に走らせないよう築き上げてきた民主主義の妙技と言える。

民進党は3期連続で政権を手に入れることになったものの、予算や法案審議には野党との協力を必要とすることになった。いわば有権者から「条件付き信任」を得た形だ。

中国で台湾政策を担う国務院台湾事務弁公室は総統選と立法委員選の結果を受けて、「二つの選挙結果は、民進党が島内（台湾）の主流民意の代表ではないことを示している」と独自の解釈をした。

頼清徳は総統選挙直後の記者会見でこう言わざるを得なかった。

「民進党は立法委員選挙で過半数の議席を維持できなかった。努力が足りなかったことを認めざるを得ない。われわれはこの新しい民意を十分に理解し、尊重しなければならない」

かつて民進党から初の総統が誕生した陳水扁政権の時、立法院では国民党が過半数を占めており、米国から武器を購入する予算案が69回も否決されたあげく、武器購入が頓挫したことがあった。

頼清徳は記者会見で野党を批判することはなく、「今後の政権運営においては、各政党や各グループの間でコンセンサスが得られている問題を優先的に扱う。論争を脇に置き、コミュニケーションを続けていく」と語った。

頼清徳は「信念の強い政治家」というイメージの一方、「頑固すぎる」という評判もある。政権運営において柔軟な姿勢を見せられるかが今後、問われることになる。

「選挙中の激しい対立は過去のものとなった。台湾の2300万人は一つの家族として、これからも連帯し、協力していこう。台湾を前進させていこう！」

頼清徳は会見をそうしめくくった。

中国の報復

総統選挙の直後、中国はさっそく「報復」に出た。台湾と外交関係があった数少ない国の一つ、南太平洋ミクロネシアの島国ナウルが1月15日、台湾と断交し、中国と国交を結んだと発表した。選挙が終わってわずか2日。中国は水面下で人口1万2000人のナウルに多額の経済支援を約束し、「祝い事に水を差す」やり口を取った。台湾の有権者と国際社会に対し「民進党政権が続けば台湾は国際的に孤立する」と印象づける狙いだ。

国民党が共産党との内戦に敗れて台湾へ移った後も、中華民国は第2次世界大戦の戦勝国として国連の常任理事国に選ばれており、国際社会では台湾のみを支配する中華民国が中国を代表する国家と見なされた。しかし1971年、国連で中華人民共和国の代表権を回復するアルバニア決議が採択されて台湾が国連を脱退し、1972年にはニクソン米大統領が訪中して毛沢東らと会談し、立場は逆転していった。

中国と台湾はその後、外交合戦を繰り広げていく。ナウルは1980年に台湾と外交関係を結び、2002年には中国、さらに2005年に再び台湾と外交関係を回復した。経済的に困窮するナウルは中台関係で断交、国交樹立を繰り返し、経済支援を引き出していた。中米のニカラグアも１９８５年に台湾と断交して中国と国交樹立、１９９０年に台湾と外交関係を結び直し、２０２１年にまた中国と国交を結んでいる。

台湾で親中派の国民党・馬英九政権が続いた時期は、中台ともに「外交休戦」をしていたが、その後に民進党の蔡英文政権が誕生すると、中国は攻勢を再開。台湾と外交関係のある22か国が次々と切り崩され、ナウルの断交により残るは過去最少の12か国となった。比較的に台湾と安定しているのは、米国政府に近い太平洋のパラオと、宗教問題で中国と対立している欧州のバチカン市国くらいだ。他の国はいつ「チャイナマネー」に揺さぶられてもおかしくないと言われている。

しかし、民進党政権は外交の主軸を「支援外交」から「価値観外交」にシフトしており、中国の攻勢によるダメージはそれほど高くないという。米国や日本、英国、フランス、さらに隣国ロシアから圧力を受けるリトアニアなど、正式な国交はなくとも民主主義と自由の価値を共有している国と台湾との親密度は増している。蔡英文政権の2期目以降になると、欧米や日本の政府首脳や議員団が次々と台湾を訪れ、蔡と「民主主義と自由を守る」ことを確認している。

米国で大統領権限の継承順位が副大統領に次ぐ2位の要職・下院議長のナンシー・ペロ

シが２０２２年８月に台湾を訪れたのはその最たる例だろう。過去25年間で最も高位の米政治家による訪台で、ペロシは立法院で「（台湾は）世界有数の自由な社会」と演説し、蔡英文とも会談した。日本では自民党の麻生太郎副総裁が２０２３年８月に台湾を訪問した。党のナンバーツーである副総裁が訪問するのは、日本が台湾と断交した１９７２年以降初めてだという。外交関係のある国の数が減っているのにかかわらず、台湾と民進党政権の国際社会における存在感は高まる一方となっている。

「台湾ドリーム」ではなく

かつては長期独裁政権が敷かれ、多くの人々が困窮した生活を送っていた台湾が、今や飛躍的な経済成長を遂げ、「世界有数の自由な社会」と称賛されるようになった。それは頼清徳の半生にも重なる。

総統選挙直後の記者会見では、当選の喜びと有権者への感謝、台湾と政権が抱える課題への見解を述べることが中心となったが、むしろ選挙期間中の各地の演説で、彼は自分の心情を吐露していた。

「私の父は炭鉱の労働者だった。私が幼い時に父は亡くなり、とても貧しい家庭で育つことになった。それでも、私より貧しい人々も周囲にたくさんいた。私は貧しさを理解し、台湾から貧困をなくしたいと思って医者になり、さらに政治の道に入った。そして今、炭鉱労働者の息子が総統になる時を迎えようとしている」

裕福な家庭の生まれでも世襲政治家でもない彼が、苦学して医師となり、政治家となり、一国の命運を握る元首の座に座ろうとしている。それは奇跡的な「台湾ドリーム」ではなく、誰もがチャンスをつかめる台湾の民主主義社会の成熟度合いを表していると言える。

そしてこの不屈の精神の源流は、彼が親の世代から受け継いだ「日本精神」が源流というのだ。

第2章

台湾で最も親日の政治家

まさかの友は真の友

頼清徳は台湾の政界において「最も親日的な政治家」といわれる。それは、彼のこれまでの行動をたどれば誰もが分かることだろう。

２０１１年４月24日、東日本大震災が日本に多大な被害をもたらした約１カ月半後、頼清徳は仙台市を訪れ、奥山恵美子市長に義援金として日本円で１億円の小切手を贈った。これは震災後、台湾から被災地を公式に訪れた最初の一行と言われている。

当時51歳の頼清徳は、「台湾の京都」といわれる古都・台南市の市長を務めていた。台南は台湾島で最も早くから開けた地域であり、日本が台北を拠点に統治するまで、政治・経済・文化の中心地だった。

震災直後、台南市民から市役所に「日本を支援したい」「自分にできることはないか」と電話が殺到した。市が中心となった被災地支援のチャリティーパーティーを開催すると、あっという間に１億円が集まった。

七夕祭りが有名な台南市は、同じく七夕祭りで知られる仙台市と交流促進協定を結んでいた。少しでも助けになろうと、頼清徳ら台南市の代表団は東京を経由して仙台市を訪問。１億円の義援金を贈ったほか、仙台市で被害の大きかった下水処理場を訪れ、さらに避難所で被災者を慰問している。

「台湾では親しい友人に何かあった時、直接出向いて手助けをするのは当たり前のことです。台南市と友好な関係を築いてきた仙台市の皆さんに、台南市民の気持ちを届けに来ました」。頼清徳は当然のことをしたまでという表情でそう話す。また、短いことわざで自分の思いを表現している。「患難見真情」。直訳すれば「困難な時こそ、真の友情が見える」。すなわち「まさかの友は真の友」。頼清徳は日本の「真の友人」という思いから、行動で友情を示した。

それは一度きりの行動ではなかった。

仙台市を訪問した翌月、今度は栃木県日光市の斎藤文夫市長が台南市を訪れた。台南市と日光市は観光友好都市となり、高校生の交流などを続けていた。東京電力福島第１原発事故の影響で「日本は放射能で汚染されている」という風評被害が広がり、日光市への海外からの観光客が激減していた。斎藤市長は窮状を頼清徳に訴えた。

「うわさを打ち消すには、行動で示すのが一番いい」。頼清徳はその場で「２００人のツアーを組んで日光を訪れます」と約束した。

頼清徳は台南市顧問でラジオ番組のキャスターの康銀寿に協力を仰いだ。康は長年にわたる「頼推し」の有名人であり、民間人のブレーンでもある。斎藤市長らを急きょラジオ番組に誘い、市長が「日光は安全です」とアピールする機会を提供した。そして番組で日光への旅行を呼びかけると、半日で３００人を超す応募があった。

翌月の６月11日、頼清徳や康銀寿らが率いる市民旅行団がチャーター便で日光市を訪れた。震災からまだ３カ月の時期だ。その数は「公約」の２００人を超える３０５人。旅行団は「行こう日光」の文字が大きく書かれたＴシャツを着用していた。移動の間も常に日光をＰＲできるというアイデアだ。

「約束より多くの人々の訪問に大いに励まされた」。そう感謝する斎藤市長に対し、頼は「３００人は交流の始まり。風評被害をなくすため今後も力を貸していく」と応じた。

頼清徳はその後も日本の「まさかの友」であり続ける。２０１６年４月14日夜に熊本地震が発生すると、２日後の16日には支援のため市長の給与１か月分を寄付すると表明。６月には台南市に隣接する高雄市の陳菊市長らとともに熊本県を訪問し、義援金６５１６万台湾元（約３億１０００万円）を蒲島郁夫知事に手渡した。台南市ではこの年の２月に１１７人が犠牲となった大地震が起きており、日本から多くの支援が寄せられていた。頼はその返礼も込めて、行動で思いを伝えた。

頼はこの年9月にも200人の台南市民による観光親善団を結成し、長崎県平戸市を訪れている。平戸市は、中国人の父と日本人の母の間に生まれた鄭成功《ていせいこう》の出生地。17世紀に台南を拠点に台湾で初めて自立した政権を作った台湾の英雄だ。台南と日本各地が幾重にも歴史的つながりを持っていることが分かる。頼清徳ら観光親善団は平戸市の後、熊本県を再訪。「まさかの友は真の友」という思いを再び、行動で表現した。熊本県のキャラクター「くまモン」が出迎え、蒲島知事らが晩餐会を開いて謝意を示した。

日本への恩義

台南の人々にとって、特にゆかりが深いのが石川県だ。金沢出身の水利技術者・八田與《はったよ》一《いち》を通じた縁で、台南市と金沢市の観光協会は友好交流協定を結んでいる。

現代の日本で「八田與一とはどんな人か知っていますか」と尋ねて即答できる人は少ないだろうが、台南市民のほとんどが彼の人物像まで知っている。

八田は台湾が日本に統治されていた時代、台湾総督府に勤務し、台湾の農業水利事業に大きく貢献した。「不毛の大地」と呼ばれていた南西部・嘉南《かなん》平原の台南地区に大正9（1920）年から10年の歳月をかけて、当時では東洋一の規模である「烏山頭《うさんとう》ダム」を建設。総延長1万6000キロに及ぶ給排水路を完成させた。嘉南平原は台湾一の穀倉地帯に生まれ変わった。ダムと給排水路は総称して「嘉南大圳《かなんたいしゅう》」と呼ばれ、八田は「嘉南大圳の父」と慕われ続けている。

「烏山頭ダムは時間という試練に耐え、『八七水害』（1959年8月7日に起きた台風災害）や『921大地震』（1999年9月21日に発生した大地震）など大規模な自然災害も乗り越えた。非常に敬服するところだ」

八田の功績をそうたたえる頼清徳は台南市長に就任した2年目の2011年5月8日、烏山頭ダムに「八田與一記念公園」を完成させた。5月8日は八田の命日。開園セレモニーには日本から八田の遺族も参加した。公園前の道路も「八田路」と命名した。毎年5月8日は今も地元市民や金沢市長ら日本からの関係者により慰霊祭が行われている。

2017年4月16日には八田與一像の頭部が切断される事件も発生した。頼清徳は即座に修復作業を指示し、例年通り5月8日の慰霊祭を行った。頼は「台湾と日本の間で培われてきた友好関係は、日本を敵視する人の感情的な行為によって壊されることはない。逆に多くの人に八田與一氏の功績を知らしめることとなり、台湾と日本の協力関係をより強いものにする」と強調した。頼は台南市長から中央政界に移った後も、慰霊祭に出席を続

2012年6月に来日、青森県を訪問し弘前市でりんごの木を植えた

けている。

頼清徳の日本訪問は震災時に限らない。２０１２年６月には台南名物のマンゴーとの「フルーツつながり」でリンゴの産地・青森県を訪問。農業と観光交流の促進を話し合った。同年９月には京都市と金沢市を訪れる。台南市は、京都市が発足させた古都同士の交流を深める「世界歴史都市連盟」の一員となっており、観光政策や歴史遺産の継承を学んだ。八田與一ゆかりの金沢市は「台南ウィークin金沢」のイベント開催で訪問した。

２０１４年には東京を訪れ当時の舛添要一知事と面会。２０２０年東京五輪に台南から中国語通訳の学生ボランティアを派遣することを提案した。

２０１７年には東京を訪れ、日本記者クラブで記者会見を開催。前年の台南大地震で日本から多くの支援を受けたことに対し、「台湾にとって日本は特別な存在だということをあらためて理解した。台湾と日本は家族のような隣人だ」と謝意を述べた。

親日の理由

日本の都市と友好協定や観光交流をしている海外の自治体は枚挙にいとまがない。その中で台南市がこれほどまで日本とのつながりを持つのは、やはり頼清徳の意思に寄るところが大きい。

頼清徳は日本記者クラブの会見で、このように話している。

「私が小さい頃、大人たちは、大きな困難に見舞われた時には、常に『死んでも退かない日本精神を持て』と言っていたので、私はこの頃から日本に非常に興味をもっていました」

日本が１８９４年の日清戦争に勝利した結果、清王朝は台湾を割譲した。１８９５年から第２次世界大戦が終結する１９４５年まで半世紀にわたり日本が台湾を統治した。１９５９年生まれの頼清徳は日本統治時代を知らないが、親の世代はまさにその時代に生まれ育っている。彼の身体には幼少期から「日本精神」が備わっていたのだ。

そして彼が学生時代から暮らし始めた台南市は、台湾の22地方自治体の中で特に日本との縁が深い都市だ。八田與一が築いた烏山頭ダムと嘉南大圳以外にも、八田の上司である濱野弥四郎技師が建設した浄水場「台南水道」は、台湾を長年悩ませていた感染症の問題を解消した。当時の台南州庁の建物は台湾文学館となっている。台湾で2番目にできた百貨店「ハヤシ百貨店」や高級料亭「鶯料理」の建物も現存している。昭和天皇が皇太子時代に植樹したというガジュマルの樹もある。

さらに頼清徳は日本記者クラブの会見で「台南の文化に影響を与えた人として、茨城県水戸市出身で第2次世界大戦時の零戦パイロット杉浦茂峰少尉を特に紹介したい」と話している。

杉浦少尉は搭乗機の零戦が米軍機から被弾した際、集落に墜落するのを避けるためすぐに脱出せず、命を落としている。台南の人々は杉浦少尉を祀る「飛虎将軍廟《ひこしょうぐんびょう》」を建立した。現在の日本で、杉浦茂峰の名を知る人は八田與一を記憶している人よりさらに少ないだろうが、遠い台南で今も「神」としてたたえられている。

「飛虎将軍廟」へ参拝に訪れた日本人は、台湾人が今も日本人パイロットを祀る廟にお参りしていることに感銘を受け、寄付を募って神輿を製作、奉納している。頼清徳が台南市長をしていた2015年には日本から200人の団体ツアーが台南を訪れ、この神輿を担ぎ練り歩いた。翌年には、杉浦少尉の神像が日本へ「里帰り」している。

大沢たかおに激似？

頼清徳は日本の俳優・大沢たかおと「激似している」と台湾で話題にもなった。

2014年1月17日、台湾映画『KANO　1931海の向こうの甲子園』に出演した大沢たかおが、台南市のキャンペーンに出席した。この映画は台湾の嘉義農林《かぎのうりん》高校（現・嘉義大学）が日本統治下の1931年、甲子園大会（当時は全国中等学校優勝野球大会）に出場し、決勝戦まで快進撃した実話をもとにしている。作品には「ダムの父」八田與一も登場し、大沢たかおが演じている。

大沢は魏徳聖総監督や馬志翔監督らと一緒に、烏山頭ダムで行われたキャンペーンに参加。そこに地元の台南市長だった頼清徳も駆け付けた。

現代の医師が幕末にタイムスリップする日本のドラマ『JIN－仁－』は台湾でも知られ、その主役を演じた大沢は有名人だ。頼清徳は以前から「大沢たかおに似ている」と言われており、頼も医師出身であることから「頼隆夫」というニックネームが付いていた。

烏山頭ダムのキャンペーンでは、大沢と頼が八田與一の銅像を挟む形で並び、八田の像と同じポーズを取って見せた。腰を下ろして、右ひざを立てた上に右ひじを載せ、右手で髪の毛をいじるしぐさ。八田が考え事をしている時によく取っていたというポーズだ。

この写真がニュースで流れると、「2人は本当に似ている」という話題が台湾全土で盛り上がった。頼本人は「ハンサムな大沢さんと私は全然違う」と謙遜している。

電撃訪日で安倍晋三を追悼

そして、蔡英文総統の片腕となる副総統になっていた2022年、彼は大胆な行動に出る。7月8日、日本の安倍晋三元首相が凶弾に倒れた。3日後の11日、メディアに事前発表されていた日程では、頼清徳は台北市双城街にある公益財団法人・日本台湾交流協会（大使館に相当）に弔問に行く予定だった。しかしその日の早朝、頼は東京行きの航空機に乗った。東京に到着後、台北駐日経済文化代表処の謝長廷代表（台湾の大使に相当）と合流し、正午過ぎには安倍元首相の東京の自宅に到着。故人の親しい友人として哀悼の意を表した。安倍の家族たちは悲しみに暮れながら、遠方から来た頼たちを温かく迎えた。

安倍晋三の弟で衆院議員の岸信夫はその様子をフェイスブックに投稿している。頼らは翌日、東京都港区の増上寺で執り行われた葬儀に参列した。

安倍元首相死去のニュースが台湾に届いた日、頼清徳は悲しみに暮れた。

過去10年間、彼と安倍家は公私ともに相互信頼と相互尊重の関係を築いてきた。2017年に台南大地震が起きた際、当時の首相だった安倍は世界でいち早く支援を表明してくれた。首相退任後も、中台関係が緊迫する中、「台湾有事は日本有事」と明言し、日本と台湾は運命共同体という認識を持っていた。

ショックを受けた頼清徳はすぐに日本に電話して、岸信夫に追悼の意を表した。岸は心情をおもんぱかり、兄の追悼のために自ら東京を訪れることができるか尋ね、「私が責任を持って来日の手配をする」と語った。

台湾の現職副総統が日本を訪問すれば、中国が激しい抗議をするのは必至だ。日本政府はこの点を事前に考慮しつつ、頼清徳の東京入りと葬儀への参列にゴーサインを出した。頼も蔡英文総統に報告して承認を得た後、速やかに「極秘任務」を遂行した。

頼清徳の電撃訪問は衝撃を与えた。日本と中華民国が1972年に断交して以降、1985年に当時の李登輝副総統が乗り継ぎで東京に立ち寄った以外では、台湾の現職高官と

2022年7月12日、安倍晋三元首相の葬儀に家族・友人として参列

2022年7月11日、安倍晋三氏の自宅を弔問

して最高位の訪日となるからだ。

日本外務省は「頼氏は私的に訪問し、私人として葬儀に参列する」との認識を示し、台湾外交部は「副総統の私的な日程についてコメントはしない」と見解を表明した。中国側は当然のごとく猛反発する。中国外交部の汪文斌副報道局長は「安倍氏の死去を受けた台湾の政治的な策略だ」と非難し、「台湾は中国の一部であり、副総統というものは存在しない」と言い放った。中台関係の緊張が高まることが分かっていても、頼清徳は盟友・安倍晋三との最期の再会を選択した。

日本と共に

2024年1月1日、石川県の能登地方でマグニチュード7・6の地震が発生した。頼清徳は「台湾と日本の人たちの心は一つです」「日本有事は台湾有事」とSNSに日本語で投稿した。

そして石川県の地元紙・北國新聞が震災1カ月後の2月1日に組んだ特集記事に、頼清徳の寄稿が岸田文雄首相のメッセージと並んで掲載された。見出しは「八田技師の恩、今なお」。頼は「100年前、石川県出身の八田與一技師が、国籍を問わず、すべての人を平等に愛する精神を持ち、台南の烏山頭ダムと嘉南大圳に命を捧げ尽力しており、台湾の人々から愛されて、今もなお感謝の気持ちを持っています」と思いをつづり、「台湾人はその恩返しをします」と強調した。この時点で台湾市民の自発的な寄付は25億円に上り、政府からは救援や復興費用に６０００万円を寄付したことを説明。台湾と日本は苦楽を共にする運命共同体であり、「みんな頑張ろう！　台湾の人々は、日本の皆さんと共にあります！」と結んでいる。

台南市長から行政院長（首相に相当）、副総統、そして次期総統。頼清徳は肩書きと地位が変化する間、日本への思いは変わらないでいる。この台湾で最も親日的政治家は、どのような半生を送ってきたのだろうか。それは、裕福な暮らしや安定した生活とはほど遠い、波乱に満ちた歴史だった。

第3章 父の最大の遺産は「貧困」

生後3か月で父を失う

1960年1月8日、中華圏で最も大切でおめでたい春節（旧暦の正月）まであと20日。春節になれば職場や学校は休みとなり、実家から離れて暮らす家族も戻ってきて、家族団らんを楽しむ。台北県（現新北市）万里郷の山あいに住む鉱山労働者の社宅群でも春節を迎える準備をしていた。

33歳で働き盛りの頼朝金の一家もそうだった。節約をして貯めたお金で豚肉や牛肉、魚を手に入れ、子どもに与えるお菓子とお年玉の用意をしていた。

頼家では前年の10月6日、妻の頼童好が三男を出産したばかりだった。名前は清徳。みんなから「阿徳仔（徳ちゃん）」と呼ばれていた。兄が2人、姉が3人いて、みんな容姿は端正で、礼儀正しかった。頼朝金の兄弟も同じ炭鉱で働き、一族が山あいの社宅で暮らしていた。住まいはトタン屋根のブリキ小屋と質素なものだったが、必要な家具はそろっている。裕福とは言えなくとも幸せな日々を送っていた。

1月8日のその日は、頼朝金が「春節前に残業して、もう一稼ぎしよう」と、炭鉱で午後のシフトに入った日だった。日当は30台湾元。当時としてはかなりの金額だ。頼朝金と同僚の4人はトロッコに乗って鉱山に入った。頼童好が子どもたちの世話をしながら夕食の準備をしていた午後4時頃、事故は起きる。

坑内で火災が自然に発生し、大量のガスが発生した。頼朝金は坑内から救出されたが、応急措置が遅れて一酸化炭素中毒のため命を失った。春節が間近で人員が不足しており、救命作業が遅れたという。

台湾省政府は翌1月9日、事故現場に調査員を派遣した。その後の調査の結果、「鉱山経営者側の不備により、労働者たちは死亡した」と結論づけた。鉱山での事故は炭鉱労働者にとって宿命のように見えるが、その多くは実際には人災によるものだ。

子供の頃は木登りが大好きだった

　多くの家族が新年ムードを味わう中、頼一家は社宅から車で10分足らずの万里第一墓地に、一家の主の遺体を埋葬した。33歳で帰らぬ人となった頼朝金。妻の頼童好も30歳になったばかりだった。のちの台湾総統となる「徳ちゃん」は生後わずか100日もたたないうちに、父親を失うこととなった。

「母親は私にとって知音」

台湾の鉱山の歴史は古い。17世紀から台湾に進出したオランダの植民時代には既に炭坑の開発が始まり、日本統治時代に大規模開発が進んだ。そして国民党政権が台湾を支配して以降も重要な産業となっていた。炭鉱員の収入は通常の労働者より高く、技術の習得はそれほど難しくなかった。しかしその作業は危険と隣り合わせだった。

頼清徳は子どもの頃から、炭鉱労働者たちの働く姿を見ていた。鉱山に入る前はきれいだった体が、坑内から出てくると全身が石炭で黒く汚れていて、「目玉が2つだけ残っていて、誰が誰だか分からなかった」と振り返る。

台湾の炭鉱で働きながら労働者やその暮らしを描き、「炭鉱画家」として知られる洪瑞麟は、炭鉱労働者のことを「地底の野武士」と呼んだ。映画監督の呉念真は、炭鉱労働者の父親をモデルにした映画『多桑（トオサン）』を製作している。「トオサン」とは、日本語の「父さん」が台湾語になったものだ。呉監督の父親は62歳で亡くなり、33歳で事故死

万里での子供時代

した頼朝金より30年近く長生きしたが、石炭の粉じんを吸い込んだじん肺に生涯悩まされた。この職業病は、ほぼすべての鉱山労働者に襲いかかる。強く、たくましく、そして、はかなく。炭鉱労働者の生き様は、なにかしら人々の心を揺さぶるものだ。

一家の大黒柱であり愛する夫を失った頼童好は、つらい記憶に耐えながら鉱山で働き続ける。現場で石炭を搬出する台車を操作したりバッテリーを準備したり、できる仕事は何でも引き受けた。子どもたちが起きる前に家を出て、眠った後に帰宅することが多かった。食料は乏しく、比較的に手に入りやすい黒砂糖を米やおかゆに混ぜたり、大鍋に空心菜だけを入れて食べたりしていた。

それでも頼清徳は後年のインタビューで「温かく思いやりのある家庭で育った」と述懐している。同じ社宅住まいの祖父はきょうだいの末っ子の頼清徳を宝物のようにかわいがり、夜はいつも2人で就寝していたため、「寂しさを感じなかった」という。きょうだいは仲が良く、兄や姉と家事を分担し、料理や皿洗い、家の掃除をこなしていた。与えられた「任務」は徹底してやらねばならず、家の床がきれいに磨かれているのを見たとき母親はほめたたえた。「母親は私にとって知音（心をよく知っている親友）だった」という。

頼家の社宅の玄関前には、ガジュマルの木が植えてあった。頼清徳が生まれた時、叔父が記念に植えてくれたものだ。頼清徳は自分と同い年のガジュマルの木の下できょうだいとおしゃべりをしたり、木登りをしたりして楽しんでいた。貧しい中でも互いに支え合う暮らしの中で、「徳ちゃん」は成長していく。

母親の教育方針

母の頼童好は末っ子の頼清徳に将来、医者になってほしいと願うようになった。事故で他界した夫のような悲劇を少しでも減らすため、命を救う職業に就いてほしいという思いだ。そのため、一にも二にも勉強をするよう求めた。ある日、頼清徳は学校へ行く途中、道で小さなカメを見つけた。小動物が好きだった彼はカメをビニール袋に入れて、家へ持ち帰った。すると、母親はカメを見て「勉強の邪魔になる」と言ってペットとして飼うことを認めなかった。頼清徳は次の日、やむなくカメを自宅近くの海岸に放した。「母親がカメを見て、無言で放り投げた」と聞いた同級生もいる。頼清徳は母にさからうことなく、それからは小動物を飼いたい願望を口にすることはなかった。

また、こんなこともあった。頼清徳の祖父は伝統音楽を奏でる楽団「聚楽社」を作っており、地元でお祭りや葬儀のときに演奏をしていた。冠婚葬祭に音曲は欠かせないものだ。祖父はパイナップルの缶詰を引き延ばした手製のシンバルを孫にプレゼントした。自分だけの楽器を手に入れ、聚楽社で楽しく演奏に参加していた時、それを見つけた母親は「勉強が第一。こんなことで時間を無駄にしないで」といさめたという。息子に白衣を着させたい一心だった。

頼童好は何より「甘え」を許さない人だった。

頼清徳が中学生のころ、盲腸炎にかかったことがある。その手術費用のため、先生や同級生が寄付をしてくれたのだが、母親はそれを受け取ろうとしなかった。「中学校を卒業すれば同級生たちはそれぞれの道を歩み、将来どこへ行くのか分からない。その時、どうやって返済するのか。皆さんの親切だけを受け入れて、お金はそのまま返した方が良い」。それが彼女の考えだった。こうした母親の自制心と自尊心は、頼清徳の人生に大きな影響を与えていくことになる。

彼女の教育方針、というよりその生き方は一見厳しすぎるようにも見えるが、頼清徳が母親を語る時、出てくるのは感謝の言葉ばかりだ。「母は必死に働き、私たちきょうだいを育ててくれた。私を大学に行かせるために払った犠牲を決して忘れない。母のことを話す時は感情が溢れ出し、涙が止まらなくなる」と。

初夜に逃走した母

頼童好のもともとの姓名は「童好」だった。姓は童、名が好。「頼」は頼朝金と結婚し、夫の姓を加えたものだ。

彼女は若い時から、意志の強い人物だった。童家は分家を多く持つ富豪で、まだ10代で見合い結婚をさせられることになった。一種の政略結婚だったが、相手が気に入らなかった彼女は、なんと初夜を拒否し、山の中に逃げ込んだ。家族は大勢の人を動員して娘を見つけ出した。当時の保守的な台湾の世相では信じられない行動だが、娘を愛していた父親はその思いを受け入れ、相手の家に何度も謝罪をして結婚を破棄することにした。童好は驚くべき行動で、結婚を自ら決める権利を手に入れた。

一方の頼朝金は若い頃は農業や漁業で生計を立て、その後炭鉱で働くことになる。２人が結婚に至った経緯は頼家、童家から詳しく聞けていないが、整った容姿と勤勉な頼朝金が20代前半、童好は20歳未満のときに２人は結ばれ、次々と子どもを産み育てていく。

台湾では日本の植民地支配が１９４５年に終わりを告げた後、それと入れ替わって大陸から流れ着いた「外省人」の国民党が台湾を支配した。それ以前から台湾に住み、日本統治時代を経験した「本省人」を力で押さえつけていた。頼家と童家もそれぞれ福建省を

頼清徳と母

頼清徳の母の肖像

ルーツとする本省人だ。

政情が不安定な中、政治の中心地から遠く離れた山中で頼一家は約10年間を過ごした。その日々は、中国の古典「十八史略」のうち「鼓腹撃壌《こふくげきじょう》」で昔の農民の暮らしぶりを表した「日出而作、日入而息（日の出とともに働き、日没とともに休む）」という言葉がぴったりする生活だった。それでも頼夫婦は「鼓腹撃壌」の一節「帝力何有於我哉（天子の恵みなど、どうして私に関係あろうか）」とばかりに、自らの力で安寧を手に入れていた。そして、そのささやかな幸せを、炭坑事故が奪い取った。

頼清徳が自分の生い立ちを明かすようになったのは、最近のことだ。幼い頃に父親を事故で失い、母親がたくましく子どもたちを育てたことを説明し、「父が私に残した最大の遺産は『貧困』であることを皆さんに伝えたい」と語っている。

「貧困の中で育った私たちは重労働も恐れず、きょうだいの関係は特に良好でした」。貧しさが家族を結束させ、自立心を養ったのだ。ただ、暮らしぶりは困難を極めたのは間違いない。「台風が来たら、屋根が飛ばされたものでした。台風が去った後は……」と話した後、目に涙を浮かべて言葉を失ったこともあった。苦しい生活の中で家族が団結して屋根を直したことを思い出した時、感情があふれ出してしまった。

「人生において最も重要なのは、義侠心や誠実さ、冒険心です」。それは父親が遺した「貧困」から学んだものだった。彼はのちに政治家となり、母親が亡くなった後、万里小学校の後輩のため奨学金制度を作った。それは「頼朝金奨学金」と「頼童好奨学金」と両親の名前を冠したものだった。

台湾では2000年に全土で鉱山が閉鎖された。閉山となった各地の炭鉱は公園などに生まれ変わっている。頼清徳らが育った鉱山も閉鎖されたが、旧社宅は今も残っている。事故で亡くなった頼朝金の悲劇的な運命は、台湾炭鉱史において血と涙の一章を記録している。一家の住まいは「頼清徳氏の旧邸宅」とパネルで表示されており、頼清徳は今も旧宅を訪れ、きょうだいと時を過ごしている。「本を読み、自分の小さな世界について考える場所で毎日よじ登っていた」というガジュマルの木は、今も青々と葉が茂っている。

「大頭の徳ちゃん」

頼清徳は小学生の頃から「大きくなったら医者になりたい」と話していた。それは母親の願いであり、自分の目標となった。目指すは、台湾で最も優秀な生徒が集う台北市立建国高級中学（高校）。そして、国立台湾大学医学部に通うこと。同級生たちも、彼がその頃から医師になる決意を固めていたことを知っている。

炭鉱労働者の息子で、しかも父親を幼くして亡くし、裕福ではない家庭の子どもが医師になる。それは当時の台湾では一般的に困難に思われた。都会から遠く離れたこの僻地《へきち》では大半の家庭が貧しく、多くの子どもが中学校を卒業すると農業や漁業、炭鉱で働くことになる。

頼清徳の長兄と次兄も中学を経て高等専門学校を卒業して就職する。母親とともに家計を支えるため早くから働くことを選択した。それは、末の弟が勉強に集中し、優秀な成績を収めるためでもあった。

頼清徳は万里小学校、万里中学校で同級生と仲良く過ごした。次兄から勧められた『三国志』『水滸伝《すいこでん》』『西遊記』などを読み、その物語の魅力を友人に語っていた。友人からは幼少期と同じように「阿徳（徳ちゃん）」と呼ばれた。頼清徳の頭が大きいことから、一部の女子の間では密かに「大頭の徳ちゃん」とあだなが付けられていたという。

スポーツも好きで野球ではホームランを放ち、バスケットボールではスリーポイントを決める姿を同級生達は見ている。体育大会には走り高跳びの選手として出場した。もちろん「本業」である勉強には精を出した。知識に対する強い渇望を持ち、授業中に積極的に質問し、弁論大会や朗読大会では優秀な成績を収めた。それでも威張るような態度を取ることもなく、いつも服のボタンを一番下まで留めているまじめな性格から、クラスの中心的存在だった。

頼清徳が健やかに成長する間、母親の頼童好は生計を立てるために仕事があればどこでも出向き、泊まりがけの仕事も多かった。母親と息子が長期間会えないことも珍しくない。そのため、母親は路上で知人から話を聞いて初めて、息子の成績が優秀であることを知ったという。

頼童好は「初夜逃走事件」があったものの実家との関係はその後も良好で、頼清徳も母親と一緒にたびたび実家へ遊びに行っている。ただ、生活は苦しくとも、よほどのことがない限り金銭的援助は頼んでいなかったようだ。

彼女のモットーは「天無絶人之路（天は人を絶やす道がない）」だった。天はまっとうに生きる人を追い詰め、死に追いやることはない。自然の成り行きに従って生きていけば必ず道が開かれるので、絶望することない、という意味だ。数々の苦難を乗り越えてきた母親が息子に伝えた信念である。

台湾の有名なことわざに「一支草、一点露（一本の草に一滴の露）」がある。これは、

「一本の草にも一滴の露は受けられる。少しでも希望があれば、人は生きていける」という意味合いを持ち、台湾人の前向きな国民性を反映しているといわれる。逆境に耐えて子どもを育てた頼童好にもその精神性が根付いているようだった。

母親の言葉を、若い頼清徳は重要な人生の教訓として受け止めた。彼は「貧困の中でも保ち続けた母親の自制心と自尊心は私の人生に影響を与えた」と語っている。

そして頼少年は、医師への道を目指す最初の一歩である建国高校の受験に挑む。

第4章

民主化の波の中で

最初の挫折

頼清徳が中学卒業を間近に控えた1975年4月5日夜、国民党が「民族の救世主」「不滅の指導者」と崇める台湾の最高指導者・蒋介石が死去した。この日は先祖をまつり、日本のお彼岸にあたる清明節で、夜は大雨が降っていた。

蒋介石率いる国民党は1945年から日本の統治と入れ替わり、台湾で独裁政権を敷いていた。1947年2月28日、圧政に耐えかねた民衆が暴動を起こす「2・28事件」が起き、国民党政権は戒厳令を敷いて武力で弾圧した。市民の行動を制限する戒厳令というものは非常時にだけ発動するはずの措置だが、戒厳令はその後も続き、台湾島内を隅々までコントロールしていた。

最高指導者の「崩御」に、国営の三大テレビ局はカラー放送を取りやめ、画面が白黒に変わった。そして官民問わずあらゆる機関・団体が競うように追悼の意を示し、小中学校の生徒も黒か白の花飾りを胸に着用するよう義務付けられた。国民全体が悲しみにふけるよう意図的に仕向けられた。頼清徳の高校受験まで、あと3か月の時期だった。

高校受験は共通の試験を受け、本人の希望と得点に基づいて受験生を各学校に振り分ける仕組みだ。医師を目指す頼清徳が狙うのは、台湾で最も優秀な生徒が集う台北市立建国高校。台北市から遠く離れた台北県の山あいにある万里中学校からは、合格した者は1人もいない。頼清徳は朝早く起きて台北市の試験会場に出向き、2日間の試験を受けた。

受験は国語、英語、数学、社会、理科の5科目で、計700点満点。建国高校の合格ラインは満点の9割にあたる630点とされ、ハードルは高い。合否は後日発表されるがインターネットもない当時、それを知るには高校まで来て、掲示板を見るしかなかった。中央日報や聯合報といった全国紙は新聞社に合格者リストを掲示し、電話で合否を知らせるサービスも行われていた。

頼清徳は高校には合格したが、割り振られた通学先は建国高校ではなかった。人生において、初めての大きな挫折。16歳の青年の行く先を暗雲が覆い、人生初の大きな決断に直面した。「建国高校をあきらめて第2希望の高校に通いながら台湾大学医学部を目指すか、それとも一浪して建国高校に再挑戦するか」。悩んだ末、彼は後者の道を選んだ。母親も息子の決断を信じて応援する。同級生たちは彼を気の毒に思いながら、落胆したり妥協したりしない姿勢を称賛した。

頼清徳は強い意志と忍耐力で365日、着実に勉強を続けた。それは炭坑の暗やみの中、一歩ずつ一歩ずつトンネルを掘り進める炭鉱労働者の精神を受け継いでいた。そして翌年、念願の建国高校合格を果たす。

2歳年上の高校生

晴れて建国高校に入学し、人生の新たなステージを迎えた頼清徳。最初は苦笑いするようなエピソードがある。台北県万里郷の山あいからバスを乗り継いで台北市の南海路に着いたものの、建国高校の場所が分からなかった。しかし高校の制服を着ているのに、「建国高校はどこですか?」と人に尋ねるのは気恥ずかしい。「そういえば、高校の向かいに歴史博物館があった」。そう思い出した彼は、道行く女性に「歴史博物館はどこですか?」と尋ねてみた。すると女性は、制服を着ている頼青年を見て、こう答えた。

「建国高校の向かいよ」

入学間もなく17歳となった頼清徳は、一部の同級生より2歳年上だった。9月入学制の台湾で、10月生まれの彼は小学校の入学が早く、さらに一浪が重なった。高校の同級生には、のちに民進党のライバル・国民党の主席(党首)となる朱立倫、同じく国民党から行政院長(首相)となる江宜樺がいた。父親が県会議員を務め、のちに二世議員となる朱立倫と、台北から遠く離れた田舎者との立場は大きく離れていた。その田舎者が、のちに政党の主席や行政院長を歴任し、さらに一国の命運を預かる総統に就任することはまだ誰も知らない。

建国高校には全土から英才が集まっていた。初めての月例試験の前、隣に座る同級生が教科書に載っていない微積分の教材を読んでいたのを見て、頼清徳は驚きを隠せなかった。彼が「臥虎藏龍（伏せる虎と隠れた龍）の集まりだった」と語っているように、これから世に出る才能の持ち主ばかりが集まっていた。

「人外有人、天外有天（人の外に人あり、天の外に天あり）」。世の中には自分以上の才能を持つ人材がいくらでもいる。２歳年上の高校生はそう痛感し、これまで以上の努力を自分に課していくことを誓った。

地方から建国高校に通う生徒は、学校近くに家を借りたり、親戚や友人の家に滞在したりしていた。通学に時間がかかる頼清徳も友人の家で暮らすことにした。もちろん、授業料や生活費はすべて母の頼童好が負担した。

当時の建国高校の教師いわく、高校1年の頼清徳の成績は「トップクラスではなかったが、かなり良かった」と振り返る。頼本人は「52人のクラスで20番目ぐらいだった」と記憶している。

建国高校の学校精神は「自由」だった。成績が優秀でこの学校に入った生徒たちに「勉強をしろ」と言う必要はない。むしろ、精神の解放と自主性の鍛錬こそが求められる。その自由の象徴の一つが、学校の一角にある低い壁だった。生徒たちは教師に黙ってその壁を飛び越えて、学校を抜け出す伝統があった。甘い物に目がない頼清徳も伝統にのっとり、低い壁を乗り越えて外出し、黒糖のかき氷を食べたのを覚えている。それは教師たちも暗黙の了解であり、若者たちにリスクの低い冒険の楽しみを提供していた。

学習スタイルは自由で、教師は学習心旺盛な生徒たちの「挑戦」を受け入れていた。自主的に考え、人間性を養う。それが建国高校にとって最も重要な教育方針だった。

二度目の挫折

1979年、頼清徳は大学受験で国立台湾大学に入学する。医師になるための念願がかなったようだが、彼の得点に基づいて割り振られたのは農学部獣医学学科だった。高校受験に続き、またも希望通りとはいかなかった。最高峰の大学に受かったことを人はうらやんだが、彼の思いはまったく別だった。子どもの頃にカメを飼おうとしたように動物は好きだったが、目標はあくまで人を診る医師だ。大学に通いながら、医学部への編入を模索していくこととなる。

大学に進学した彼は、最初はキャンパス内の学生寮に住み、その後は同級生と一緒にアパートで暮らす。そして、母親の負担を軽減するため、家庭教師のアルバイトを掛け持ちした。「私が熱心に指導すると、生徒の成績は急速に伸びた。普通の家庭教師の収入は3000台湾元だが、私は5000台湾元もらっていた」。頼清徳にしては珍しく、誇らしげに振り返る。

この年は、台湾の民主化に大きな影響を与えることになる言論弾圧事件「美麗島《びれいとう》事件」が起きている。1979年12月、世界人権デーに合わせて台湾南部の高雄市で雑誌『美麗島』主催のデモが行われ、警官隊と衝突の末に主催者らが反乱罪で投獄された。国民党の独裁に反対して民主化を求めていた団体・個人は当時「党外」と呼ばれ、『美麗島』は彼らの政治理念を発表する党外雑誌の一つだった。この事件で弾圧された活動家やその弁護団らが、1986年に結成される民進党のリーダーとなっていく。のちに頼清徳とタッグを組んでいく女性政治家・陳菊はこの事件で6年間投獄された活動家であり、2000年に民進党として初の総統となる陳水扁は弁護団の一人だった。

なお、雑誌名の「美麗島」は、ポルトガル語に由来する。欧州の船舶として初めて台湾に到達したポルトガル船の船員が、緑に覆われた台湾島に感動して「イラ・フォルモサ（麗しの島）」と叫んだという伝承から、「美麗島」は台湾の別称として使われている。

大学に入学したばかりの頼清徳は、まだそうした激動とは無縁のキャンパスライフを過ごしていた。自由時間には、クラスメートと共に当時人気のあった香港の作家・金庸の武侠小説を読んでいた。己の信条にのっとって正義のために行動する剣豪の物語は、中華圏で絶大な人気を誇っている。

映画鑑賞も好きで、映画クラブのような「大学映画批評家協会」に入会した。クラブに入ると無料で映画を見られることが最大のメリットだった。好きな俳優はクリント・イーストウッド。武侠小説の主人公のような正義感を持った役柄と演技にひかれた。好きな作品は、ライアン・オニール主演の『ある愛の詩』。この作品は、米国のハーバード大学に通う名家の御曹司オリバーが、大学図書館で出会ったイタリア系移民の娘と身分違いの恋に落ちる物語だ。頼清徳は奇しくもその後、公衆衛生学の修士号を取得するためハーバード大学に通い、撮影が行われたキャンパスを踏みしめることになる。

俊才の集う建国高校でもまれた頼清徳にとって大学の授業はそう難しくなかったが、医学部編入への方法は見つからなかった。そもそも、医学部が編入生を受け入れることがほとんどないためだ。熟慮の末、次善の策として、リハビリテーション医学学科理学療法グループに編入する。理学療法士に医師の資格はないが、医者になる夢はあきらめていなかった。一歩進めなければ、半歩でも前進する。その分だけ、確実に夢へ近づいている。

最愛の女性

国立台湾大学の1年を終えた夏、運命の女性に出会う。のちの妻となる呉玫如だ。彼をずっと見守ってくれた母親やきょうだい以外に、人生を支えてくれるパートナーが現れた。彼女は名門私立・淡江大学の学生で、弟の高校受験に付き添って試験会場を訪れた際、同級生の弟の付き添いに来ていた頼清徳と知り合った。頼にとって初恋だった。それから1～2年後、「勇気を振り絞って」彼女にあらためて連絡を取り、交際を開始した。妻とのなれそめの話題になると、彼は聴衆を前にした時の雄弁さを失う。ロマンチックな演出をしようとバラを贈った時、彼女は「お金を無駄にする必要はない」と語ったという。

頼清徳は大学を卒業した後、徴兵制度に基づき1年10か月、軍務に就いた。場所は中国大陸と目と鼻の先に位置する金門島。台湾本島から島へ向かう船の上では、多くの仲間が船酔いで嘔吐を繰り返した。島に上陸した初日には、将官から4時間もの演説を受け、面食らう。冬の夜は寒く、「蛇口が壊れたように」鼻水が止まらなかったという。

そんな中、心の支えとなったのは、呉玫如から1日か2日ごとに届くラブレターだ。頼清徳はその話をされると「(ラブレターではなく)『激励』の手紙です」と照れくさそうに話す。

理学療法を学んだ彼は保健部隊に配属され、その勤勉ぶりから優秀な兵士をたたえる「金馬賞」を贈られる。そして徴兵期間を終え、台北市の仁済病院で理学療法士として働くこととなった。医師ではないものの、医療の世界についに足を踏み入れることができるのだ。

仁済病院は「金を稼ぐことより、恵まれない人々を助ける」ことをモットーとしており、患者は低・中所得層が多かった。「医は仁術なり」を体現した病院は、頼清徳にとって多くの人生を観察する場にもなった。「患者とコミュニケーションを取りながらリハビリを指導する仕事は楽しかった」。理学療法士は収入も社会的地位も高い。働く場所としては申し分なく、母親にようやく恩返しができる。だが1年もすると、自分の医学知識が不十分だと痛感するようになる。

頼清徳の探究心は止まらない。1986年、台南市にある国立成功大学医学部に学士入学することを決めた。「成功」という大学の名前は、清に滅ぼされようとする明を擁護し、台湾に渡り政権のいしずえを築いた「国姓爺《こくせんや》」こと鄭成功が由来だ。台湾本島の北端に位置する故郷から、台南市は正反対に位置する。台北市に暮らしていた頃は機会があれば実家に戻っていたが、これからはそう簡単には戻れない。

大学入学から半年後、28歳の頼清徳は6年を超える交際を経て呉玫如と結婚する。「母は最初、あまり賛成していなかった。私がまだ若いことと、大学に戻ったため、苦労すると思っていたようです」。それも当然だろう。再び学び舎に通うようになった彼は医者修

兵士として海印寺で記念撮影

兵士の記念写真

行に忙しく、アルバイトをして収入を得るいとまもない。家計を支えたのは妻だった。大学を卒業して国営台湾電力に就職し、台南営業所に勤務した。

これは台湾映画界が世界に誇るアン・リー（李安）監督をほうふつとさせる。『ブロークバック・マウンテン』でアカデミー監督賞、『ウェディング・バンケット』と『いつか晴れた日に』で二度もベルリン映画祭金熊賞を受賞した巨匠も若い時分、6年にわたり妻に養ってもらったことを公表している。ただ、授賞式などで妻への感謝を口にする彼と対照的に、照れ屋の頼清徳が妻への感謝を公に口にすることは、ほとんどないのだが。

その後、成功大学を卒業した頼清徳は、30歳を過ぎて成功大学病院の医師となる。亡き父を思い、母と息子の二代にまたがった夢をようやく実現したのだ。苦労人の医師は仕事に励んで主任医師に昇格し、腎臓の専門医となる。まだ政治の世界は彼にとって無縁だった。

民主化の波

頼清徳が成功大学で学んでいる間に、世界には民主化の波が押し寄せていた。1989年にはドイツを東西に分断していたベルリンの壁が崩壊し、翌年にドイツ統一が実現する。

国立成功大学の卒業写真

東欧諸国で次々と革命が起き、世界を長年二分していたソビエト連邦は１９９１年に崩壊。東西冷戦が終結する。一方、中国では１９８９年、学生たちの民主化運動を武力で弾圧し、世界を震撼させる天安門事件が発生した。

台湾では、１９４９年の２・２８事件から続いていた戒厳令が１９８７年にようやく解除された。そして１９９０年3月、台湾で初の大規模な学生運動「野百合《のゆり》学運」が起こった。全国の大学生約６０００人が台北市に集まり、蒋介石を顕彰する中正紀念堂の広場に座り込みを行い、「国民大会解散」「臨時条款廃止」、「国是会議の開催」など、国民党による専制政治体制へ改革を突きつけた。国民大会は憲法に基づく最高権力機関だったが、中華民国が中国大陸を支配していた時代に選ばれた代表たちは事実上の終身制となっており、「万年代表」と批判されていた。「臨時条款」は共産党との内戦が続いていた1948年、憲法に「臨時」として追加された条項で、総統や議員の任期をはじめとした憲法の規定を超越する措置を認めており、これが国民党の長期独裁政権を可能にしていた。

蔣介石の息子・蔣経国の死去を受けて副総統から総統に昇格していた李登輝は学生側の要求を受け入れ、官民の代表を集めた「国是会議」を開催する。そして1991年に臨時条款を廃止し、「万年代表」全員の退職を実現した。長期独裁政権を敷いた国民党を率いながら、台湾出身の「本省人」である李登輝は次々と「静かなる革命」を起こしていく。「台湾民主化の父」と呼ばれるようになる彼は、美麗島事件で反乱罪に問われた民主活動家や弁護士ら政治犯への特赦や公民権の回復も行っている。

頼清徳は当時、台南市の成功大学病院のインターンとして勤務し、医師としての道を踏み出し始めていた時期だった。それでも学生たちの情熱と行動力に感銘し、台湾の民主化が重要な転換期を迎えていることに大きな刺激を受けたという。

「義理の息子にしたい」

１９９４年、この年で35歳となる頼清徳は成功大学病院で新米医師である「住院医師」から「総医師」に昇進した。住院医師は、専門医免許を保有する「主治医師」の方針を受け、患者の医療にかかわるポストであり、入院患者のケアは主に住院医師と看護師が担当する。総医師になると、住院医師やインターンの教育計画や勤務スケジュールを担当する。いずれは主治医師のポストになる道も見えてきた。主治医師はまさに患者を診察する医師であり、医学会議に出席し、後輩医師を指導する立場となる。

1995年、国立成功大学病院で撮影

　頼清徳の医師としての能力や人柄がうかがえるエピソードがある。台湾の著名な財界人、高錦徳が成功大学病院に入院するようになり、頼清徳が専属の医師として担当した。高は親身になって世話をしてくれる頼をすっかり気に入った。そして彼が早くに父を亡くしていることを知り、「義理の息子にしたい」と繰り返し懇願するようになった。台湾では、人生を共にしたいと思う人同士が義理の親子や兄弟関係を結ぶ習慣がある。古代中国の『三国志』を知っている人であれば、劉備、関羽、張飛が義兄弟の契りを交わし、「我ら三人、生まれし日は違えども、同年同月同日に死せん事を願わん」と桃園の誓いを結んだことを思い起こしてほしい。

頼清徳は高錦徳の申し出に感謝しながら、回答はしなかった。すると高は母親の頼童好にも懇願。母親は息子に同意するよう伝えた。頼は、高錦徳夫婦と義理の親子になる儀式を行った。こうした義理の親子関係は戸籍には入らず、相続権もないが、冠婚葬祭などでは家族の一員として参加する。このことが14年後、高一族と思わぬ「因縁」を生むとは想像もできなかった。

第5章

白衣を脱いで政界へ

政治との出会い

貧しい暮らしを乗り越えて念願の医師となった頼清徳の人生において、政治の世界は長らく無縁だった。山あいにある炭鉱の社宅で暮らしている幼少期から、母親、きょうだい、親戚との会話で政治の話題は一切出なかった。

1994年、頼清徳はついに政治と出合うことになる。

12月、台湾省長と直轄市の台北・高雄両市長選挙が初めて行われた。李登輝政権が進める民主化と分権化の一環で、いずれも初めての直接投票となる。

日本の読者からすれば「台湾省長の選挙」というと台湾の総統選とまるで同じように感じるかもしれないが、そうではない。中華民国はあくまで中国大陸を含めた広大な領土を統治しているという建前であり、台湾省長選挙は国家主権を担う中央政府とは別の地方選挙という位置づけだ。とはいえ、直轄市の台北市と高雄市を除いても台湾省は台湾の面積の90%以上、人口で約80%を占めていた。

頼清徳は、その台湾省長選挙に民進党候補として出馬する陳定南を応援することになった。陳定南を推す医師後援会の代表に選ばれたのだ。

経営者としてビジネスの世界に身を置いていた陳定南は、1979年の美麗島事件と翌

1994年の州知事選挙で陳定南の選挙運動をする頼清徳（合成写真）

1980年の林義雄母子惨殺事件に衝撃を受け、政治の世界へ進む。国民党の独裁に反対し民主化を訴える「党外」の政治家だった林義雄が美麗島事件で投獄されている間、妻と双子の娘が殺害された。この事件は今も未解決だ。陳にとって、林義雄は国立台湾大学の先輩だった。

陳定南は1981年に38歳の若さで宜蘭県長（県知事に相当）に就任。公共工事をめぐって手抜き工事や贈収賄が横行していた当時、腐敗をなくすため自ら建築現場を視察した。また、国民党政権が行政機関や学校、会社などに設置した思想・言動監視部門「人二室」を廃止した。県長を2期務めた後、立法委員（国会議員に相当）に就任。不正を許さず、権威主義に対抗する清らかな姿勢から「ミスター・クリーン」「陳青天」と呼ばれ、広く人望を集めていた。

頼清徳は成功大学の研修医だった頃、同僚の権利のため闘った経験がある。台南市の南都ラジオ局で他の同僚とローテーションで「健康広場」という番組にも出演しており、地元医師界で目立った存在になっていた。そうした経緯で陳定南の医師後援会代表に白羽の矢が立った。この時点で頼清徳は特定政党の党員ではなく、その指名は予想外のことだったが、陳定南の生き方は尊敬に値するもので、その応援に異論はなかった。

「400年で初めての戦い」

台湾史上初めてとなる台湾省長の直接選挙は、当時の官選台湾省長で国民党候補の宋楚瑜と民進党候補の陳定南による事実上の一騎打ちとなった。宋楚瑜は李登輝総統の側近であり、国民党の実力者だ。

陳定南は「台湾を青天に変える400年で初めての戦いだ」と訴えた。400年というスローガンは、国民党の弾圧を受けながら生涯を台湾独立運動に捧げた闘士・史明の著書『台湾人四百年史』に由来する。1600年代のオランダの植民支配から始まり、清王朝や日本などさまざまな外から来た為政者に一方的に支配されてきた台湾400年の歴史を覆し、台湾人による台湾人ための政治がはじまる。そうした訴えは多くの市民の心に響いた。

選挙活動中、頼清徳は壇上で演説し、街を練り歩いて有権者と積極的に交流した。成功大学病院の総医師である彼は演説のときは医学用語を用いて政治をたとえ、民進党と国民党との違いを分かりやすく説明し、聴衆を大いに納得させた。その態度からは選挙運動が初体験とは思えず、周囲は彼をベテラン運動家のように感じた。そして台南市を訪れた民進党の重鎮・黄先柱らの目に止まる。黄は２度も投獄された不屈の人物。仙人のような長老格で「柱仙」とも呼ばれていた。

ただ、国民党の絶大な組織力と資金力、大衆の人気を得るのを得意とする宋楚瑜の前に、１９８６年の結党から10年足らずの民進党候補が太刀打ちすることは難しかった。陳定南は善戦むなしく、落選する。

直轄市の高雄市長選挙でも国民党候補が民進党候補を破り、当選。ただ、台北市長選挙では、民進党候補の陳水扁が国民党候補らを破り、当選を果たす。陳水扁が国民党以外で初めての総統となるのは、この６年後の２０００年のことだ。

妻と交わした「3つの条件」

頼清徳は選挙応援を終えて、本来の医師の仕事に戻った。しかし、この活動を通じて、自分のキャリアが180度変わるとは予想していなかった。

1年後、彼は当時の最高権力機関・国民大会の代表選挙に民進党から立候補するよう説得される。国民大会で事実上の終身議員だった「万年代表」は1991年に全員が退職し、その後は直接投票の代表選挙が行われていた。

成功大学病院の同僚や上司の間では、政治家になるという選択を支持する人もいれば、大きなキャリアチェンジに反対する人もいた。そんな中、頼清徳は立候補を決めた。友人には自身の決断をこのように話したという。「人生においては、人のために尽くす熱情を発揮しなければならないときがある。10年をかけて、大事を成し遂げたい」

一度決めたら決して後ろを振り向かず突き進む彼にとって、周囲の意見は大きな影響を与えなかった。ただ、筋を通すべき2人の女性がいた。妻の呉玫如と、母の頼童好だ。

妻は最初、政界への転進に賛同しなかったが、頼清徳の決意が揺るがぬことを理解した。友人によると、2人は「三不（3つの『ない』）」という条件を交わして了解したという。「家族は選挙で表舞台に立たない」「選挙運動にも参加しない」「プライバシーを明かさない」というものだ。妻はその後も頼の「姿を現さない最大の支持者」となる。

息子がずっと医師になることを願っていた母の頼童好には、「万里の自宅へ行って、選挙に出ることを『相談』したのではなく、決断の『報告』をした」と頼清徳は話す。母の言いつけに従ってカメを飼うことをあきらめ、音楽を楽しむこともやめた頼少年は、もういない。強い意志を持つ大人となった息子の「報告」を受け、母親はしぶしぶ「落選したら、また医者に戻る」ことを条件に同意した。冒険好きな遺伝子が体内に組み込まれている彼の政治人生が始まった。

最多得票で初当選

頼清徳は前年からの準備期間を経て、１９９６年3月23日投票の国民大会代表選挙に出馬した。代表選挙は、台湾で初めての直接投票となる総統選挙と同時に行われた。総統選挙の直接投票は李登輝総統の「静かなる革命」の一環であり、最たる功績の一つといえる。台湾出身の「本省人」である李は「中華民国は中国全土を代表する唯一の国家」という建前から脱却し、民主化が進む台湾を世界にアピールする「実務外交」を展開。国交のない諸国にも積極的に訪問するようになっていた。

こうした動きに対し江沢民政権下の中国政府は「李登輝は隠れ台湾独立派」と強く反発した。投票を直前に控えた3月8日から15日にかけて、中国の人民解放軍は「軍事演習」の名目で、台湾周辺海域にミサイルを発射した。「総統選で李登輝に投票することは戦争を引き起こす」という威圧であることは明らかだった。この動きにすぐ反応した米国のクリントン政権は、米海軍第7艦隊所属の空母「ニミッツ」「インディペンデンス」の2隻を台湾近海に派遣し、中国の行動を抑え込んだ。台湾海峡の緊張の高まりに、頼清徳は後戻りのできない政治の道を歩み出す意志をさらに固めた。

初の直接投票となった総統選挙は現職の国民党候補・李登輝が民進党ら他の候補者を破り、得票率52％で台湾政治史上初の民主的に選出された総統となった。中国からのミサイル発射は台湾市民の危機感を高め、李への支持を高める結果となった。中国の威嚇により、中国と距離を置く政党や政治家が有利になる。このパターンはその後も繰り返される。

国民大会代表選挙では334人が選出され、長年政権を牛耳ってきた国民党が引き続き183議席を獲得した。結党から10年目を迎えた民進党は99議席を獲得し、国民党から分裂した新党が46議席を獲得した。228人の地方代表のうち台南地区から7人が選出された。「柱仙」こと黄先柱が見込んだ通り、36歳の頼清徳は選挙区において最多得票で初当選した。

頼清徳は当選後、故郷へ帰り、重病で寝たきりとなっていた叔父を訪問した。医師から政治家に代わったことを伝えると、「どこの政党だい？」と質問された。「民進党です」と答えると、年老いた叔父はうなずきながら「民進党、それはいい、それはいい」と答えたという。

台湾北部は伝統的に国民党の支持が強く、民進党は台南市や高雄市などで南部が主な支持基盤だ。台湾北部の山奥にある万里県も国民党の支持が強い地域だったが、頼清徳はその時初めて、親族たちの政治的傾向を理解した。

頼清徳はその後、国民大会代表から転じて１９９９年に立法院（国会に相当）の委員選挙に出馬する。

国民大会は中華民国の最高権力機関であり、総統・副総統の任免権や憲法改正の権利を有する。ただ、憲法改正で総統・副総統が直接投票となるなど、国民大会の権限は縮小化・形骸化していった。

一方の立法院は、中華民国の建国者である孫文の「五権分立」理論に基づいて、行政院（政府）、司法院（裁判）、考試院（人事）、監察院（弾劾・監査）と共に成立した一院制の立法機関だ。政治の決定機関は立法院に移っていった。民進党の幹部は、国民大会代表選挙で最多得票を獲得した頼清徳の将来性を見込み、立法委員選挙の候補者に指名した。そして党幹部の見込み通り、当選を果たした。なお、国民大会は2005年に事実上廃止され、立法院が名実共に唯一の最高立法機関となる。

生まれたての子牛は虎を恐れない

「温厚な性格で周囲への気配りを絶やさない」といった印象の強い頼清徳だが、39歳で立法委員になって間もない時期は無鉄砲なエピソードも多い。

立法委員になった頼清徳は、分野ごとに法案や予算などを審議する委員会で社会福祉・衛生環境委員会に所属した。委員長を選任するにあたり、ベテラン女性議員の周清玉が選ばれることになったが、彼はそれに異を唱えた。

「周委員の夫・姚嘉文氏は考試院（日本の人事院に相当）の院長を務めている。夫婦ともに、というのはいかがなものか。ポストは若手に与えるべきではないでしょうか」

頼清徳が名前を挙げた姚嘉文は、民進党の重鎮政治家の一人だ。彼は弁護士として司法改革や法治主義の推進に努め、1979年の美麗島事件で逮捕、起訴され、懲役12年の判決を受けている。仮出獄後の１９８７年には第2代民進党主席（党首）に選ばれている。妻の周清玉も国民大会代表や彰化県長（県知事に相当）などを歴任してきた。

頼清徳の発言は、中華圏のことわざにある「初生之犢不畏虎（生まれたての子牛は虎をも恐れず）」を地で行くようなものだった。

このことを聞いた民進党の総召（院内総務＝議事運営や法案の扱いで他党派と調整する役）の柯建銘は、頼清徳を引き連れて周清玉の自宅を訪れ、謝罪したという。柯は「頼清徳は民進党の若きスターだった。当時の彼はまだ無鉄砲なところがあったが、『勇於認錯、孺子可教（勇気をもって過ちを認めることは、見所がある）』です」と話し、将来のリーダーとなり得る頼を守るための行動だったと明かす。

２０２３年で79歳となる周清玉は当時を振り返り、「彼の発言は、同じ若手委員のために言ったこと。わだかまりはなく、むしろ民進党が他の政党と違うことを示してくれた」と話し、頼清徳の発言は民進党が多様性を持つ政党であることをアピールしたと解釈している。さらに「彼が謝罪に来たかどうかも覚えていない」と笑ってはぐらかし、現在の頼については「政治家として成熟し、温厚で調和が取れている」と評価する。

失神で「全国デビュー」

頼清徳が政治家として全国的に注目を集めるようになったのは、立法委員に転身して間もない1999年4月のことだった。ハンガーストライキ中に倒れて病院へ運ばれるシーンがテレビで放映されたことで、彼の名前は広まることになる。

4月10日、頼清徳は立法院近くの群賢ビル前で「公民投票法」の制定を求めて、仲間の民進党議員と共にハンガーストライキに突入する。頼清徳が立法院に登院してから、まだ2か月と9日目のことだ。

民進党は1986年の結党後から、国の重要政策の是非を住民自身が投票で決める公民投票法の制定を求めていた。「台湾の将来を決めるのは台湾住民である」という至極当然な考えであるが、国民党政権からすれば、いずれ「台湾独立」を問うための制度になることを警戒していた。制度の実現に熱心な民進党の立法委員・蔡同栄は1990年に「公民投票促進会」を設立し、1991年に民進党は「公民投票法草案」を提出しているが、国民党が多数を占める立法院で不成立に終わっている。

「清徳。私はハンストをするんだが、君も参加しないか?」

頼清徳にそう声をかけたのは、公民投票の実現を目指す象徴的人物である蔡同栄だった。

1999年、蔡同栄氏が主導したハンストに参加

周囲からは敬意を表し「蔡公投」とも呼ばれていた。「もちろんです。私の理念はあなたと一緒です。何日でも絶食します」と快諾した。

　ハンストの参加者は、「蔡公投」こと蔡同栄、台湾民主化運動に生涯を捧げてきた高俊明牧師、政治団体「台湾独立建国連盟」主席の黄昭堂ら。ビッグネームとともに、新人議員の頼清徳もハンストに加わった。

　雨が降り続け、陽射しが強い日もある中、ハンストは続く。委員やマスコミの中には、「ハンスト隊は実は、こっそり食事をしているのではないか」という疑いの目を持つ者もいた。しかし、体を張ってそれを否定するかのごとく、参加者たちの体力はみるみる落ちていった。

ハンスト開始から11日目の4月20日、頼清徳は座っていたイスから滑り落ちた。「頼医師が失神した！」。ハンスト会場近くの立法院も騒然となり、頼は救急車で病院へ搬送された。医師の診断では、重度の脱水症状を起こして血圧が低下しており、救命措置が遅ければ命にかかわる状況だったという。頼はのちにハンストを振り返り、「もう少しで死ぬところだった」と恥ずかしそうに語っている。

陳水扁総統誕生

翌2000年には、台湾の政治に大きな地殻変動が起きた。民進党の陳水扁が総統選挙で当選を果たし、半世紀余に及ぶ国民党の支配体制を民主的選挙によって終わらせたのだ。

1950年生まれの陳水扁は台湾南部の貧しい農家の出身で、苦学して国立台湾大学に入学する。在学中にトップの成績で司法試験に合格し、当時最年少の弁護士となる。1979年に「美麗島事件」の弁護団に加わったことがきっかけで政界に入り、1994年に初めて直接投票で行われた台北市長選に当選する。

2000年の総統選挙の処理はある意味、「漁夫の利」によるものだった。国民党は李登輝総統の時代に副総統を務めた連戦が李の後継者として総統候補となったが、それに納得しない宋楚瑜が国民党を離党し、無所属候補として立候補したのだ。宋は、医師時代の頼清徳が応援した陳定南を破って台湾省長に就任した政治家だ。省長時代は野球帽にジャンパー姿で全国を行脚し、大衆的な人気を誇っていた。

連戦と宋楚瑜がそれぞれ出馬したことで、国民党支持票は割れた。その結果、陳水扁は39・３０％の得票率で当選する。宋楚瑜の得票率は37・８４％、連戦は23・１０％だった。陳の得票率は、１９９６年に総統選挙の直接投票が行われて以降、今も当選者としては最も低い。

陳水扁は貧しい農家の出身から総統まで登りつめたサクセスストーリーと、国民党の長期政権からの脱却への期待により、当初は高い人気を誇った。しかし、立法院（国会に相当）は野党に多数派を握られ、民進党内部からも陳の政治手法に批判がわき起こり、苦しい政権運営を迫られていくことになる。

議員活動をしながら米国留学

頼清徳にとって台湾大学で理学療法を、成功大学で医学を学んだことは充実した経験だった。国民大会代表、立法委員と政治の道も順調に進んでいる。だが、彼が「欠点」と感じているのは、海外で学んだ経験がなかったことだった。台湾では米国などに留学経験を持つ政治家が少なくない。

民進党結党メンバーの一人であり、頼清徳と同じ医師出身の政治家の洪奇昌は「視野を広げるため海外で暮らし、国際感覚を身につけることは重要なことだ」と提案した。頼は議員活動をしながら海外留学することを考えるようになった。もちろん、1~2年間のフルタイムの留学は不可能だ。調べると、米ボストン近郊のハーバード大学の公共衛生大学院は、社会人が修士を取得できる夏季だけのコースを設けていた。

頼清徳は「まるで自分のためにオーダーメードされたようなコースだ」と喜んだ。英語力はTOEFLで600点以上が求められたが、英語が得意な彼には問題はない。むしろハードルが高いのは、入学申請をする際に3人以上の推薦が必要なことだった。ハーバード大学は学生の多様なバックグラウンドと人脈の豊富さを重視しており、強力な推薦者の存在は入学を決めるカギとなる。

頼清徳はまず、成功大学の教授と大学病院の医師に推薦を依頼した。さらに政治的な太いパイプとして、国民党出身の銭復に推薦を依頼した。銭は外交部長（外相に相当）や駐米代表（駐米大使）を歴任しており、これ以上ない推薦人といえる。頼が国民大会の代表だった時、国民大会議長を務めていた銭とは面識はあった。民進党と国民党は対立関係にあり、頼と銭は個人的に親しい間柄でもなかったが、人柄が良く懐が深い銭は党派を超えて若手政治家を育てる思いで、推薦人を引き受けた。そして頼は晴れて２０００年の夏、ハーバード大の入学が叶った。学生時代に好きだった映画『ある愛の詩』の舞台となったキャンパスに、自分が通う日が来るとは思いもしなかった。

頼清徳の「通い留学」は3年間続き、台南市の事務所は夏休み期間だけは休業状態となった。台湾では政治家としての活動に明け暮れて家にいる時間は少なかったが、海外の米国で妻と2人の息子と一緒に過ごすことができた。頼は「学生の本分」として勉学に集中したが、週末は家族との時間を大切にした。野球好きの頼はメジャーリーグのボストン・レッドソックスの試合観戦を家族で楽しんだ。メジャーリーグの専用球場としては最も古いフェンウェイ・パークは高さ11メートルある緑色のレフトフェンス「グリーンモンスター」でも有名だ。何より米国の球場はとてもカジュアルで楽しい雰囲気が特徴だった。彼はインタビューで「試合を見るだけでなく、家族で過ごすのに最適な空間で、とても幸せだった」と振り返っている。

7月4日のアメリカ独立記念日には、ボストン港へ流れるチャールズ川で花火大会が行われた。感動的な夜空のショーを眺めながら、頼清徳は2人の息子に「おまえたちも将来、この花火大会に自分の子どもを連れてくるんだよ」と話しかけた。そうした真面目な「クサい」セリフを言うのも彼らしかった。

ハーバード大学での教育と米国政府の統治を観察したことは、政治家・頼清徳にとって大きな財産となる。2004年には米国国務省が各国の新興リーダーを対象とした交流イニシアチブ「インターナショナル・ビジター・リーダーシップ・プログラム（IVLP）」の客員研究員に選ばれている。公衆衛生学を学んだことは、その後に世界的に猛威を振るう重症急性呼吸器症候群（SARS）や新型コロナウイルス対策に生きることになる。

公民投票法のゆくえ

頼清徳がハンストで失神してまで実現を訴えた公民投票法は、陳水扁政権下の2004年に施行された。ただ、立法院においては国民党ら野党が過半数を占めており、内容は妥協を余儀なくされた。法案実現に邁進した「蔡公投」こと蔡同栄の当初案にあった「主権、国土、国名の変更」といったデリケートな部分は公民投票の対象からは削られた。法案通過のためには野党の同意を得る必要があるだけでなく、中国政府の激しい反発や、さらには台湾の独立までは望んでいない米国政府の懸念にも配慮した。

公民投票法には他にも問題があった。50％以上の有権者の投票がなければ結果にかかわらず無効とされたのだ。陳水扁政権では２００４年には国防強化など2案が公民投票で問われ、２００８年初めには「台湾」名義での国連加盟申請など4案が公民投票にかけられた。いずれも投票案への同意票が多数を占めたのだが、投票率は50％を下回り結果は無効とされた。これらの案件の関心が低いわけではなかった。ただ、いずれも民進党が推し進めていた政策であり、国民党は支持者に投票のボイコットを呼びかけていた。

民意を問う以前に、投票率さえ下げてしまえば投票が無効となる。このため、羽があっても鳥かごに入れられて飛ぶことができない小鳥にたとえて、「鳥かご公民投票法」とも「鉄かご公民投票法」とも揶揄されるようになった。頼清徳はのちに「公民投票法は、今は亡き蔡同栄委員（２０１４年死去）らが苦労して勝ち取ったものなのに残念だ」と話している。

先の話になるが公民投票法はその後、国民党の馬英九が政権を握った２００８年5月から２０１６年までは実施されなかった。公民投票法は鳥かごに入れられたまま、さらに出番すらなくなった。そして２０１６年5月から民進党の蔡英文が総統となり、立法院でも民進党が多数派を占めるようになると，公民投票法の改正が行われた。有効な同意票が不同意票を上回り，さらに同意票が有権者数の４分の１以上に達した場合は成立すると、公民投票成立のハードルを大幅に下げたのだ。「有権者の50％以上が投票」という条件が外され、公民投票は「鳥かご」の外に羽ばたくようになった。この法改正により、２０１８年以降は公民投票制度が有効に機能するようになる。

第6章

頼清徳の政治スタイル

2004年の総統選挙

2004年は民進党にとって、激動の年となった。3月には陳水扁総統が2期目をかけた総統選挙と立法院選挙を迎える。

陳は2000年の総統就任後、国民党の唐飛を行政院長（首相に相当）に指名するなど、党派を超えた「全民政府」を掲げた。しかし台湾第4原発の建設に反対する陳と対立した唐が行政院長を辞任し、「全民政府」路線はあえなく頓挫する。立法院（国会）は野党の国民党と親民党（国民党を離党して総統選挙に出た宋楚瑜が結成した政党）が多数派を占めており、陳は原発の建設推進を表明する羽目となった。

また、特権層にメスを入れる政策の一環で、軍公教（軍人・公務員・教師）の待遇改革や農漁会（農協・漁協）改革に取り組むと、これに反対する公務員や農民、漁師らの大規模抗議デモが相次いだ。政権運営の経験に乏しい民進党全体が右往左往する中、党内からも「総統は多様な意見を抑圧している」と批判が出るようになった。

そんな混迷した状況の中で迎えた2004年の総統選挙では、前回選挙で争った国民党の連戦と親民党の宋楚瑜がそれぞれ総統・副総統候補とタッグを組んで名乗りを上げた。世論調査で「陳水扁劣勢」という予想も多い中、国民党トップだった前総統の李登輝が民進党の陣を側面支援するようになった。李は総統退任後、台湾独立の意思を鮮明とし、国民党から党籍を剥奪されていた。李は選挙運動中に台湾島の南北500キロの間を200万人の市民が手をつなぐという台湾独立デモを実行し、独立志向の強い陣を支援する姿勢を示した。

そして投票日前日の3月19日、台南市で陳水扁と副総統候補の呂秀蓮がオープンカーに乗って沿道の支持者に手を振っていた時、銃撃を受ける事件が発生した。陳水扁は腹部に銃弾がかすめ14針を縫うけがを負い、呂秀蓮は膝を撃たれて軽傷を負った。銃撃の実行犯は防犯カメラなどから地元出身の無職の男と特定されたが10日後、近くの湖から水死体で発見され、真相は今も不明のままだ。

投開票は翌20日に予定通り行われ、陳水扁は約647万票を獲得し、644万票の連戦を破り再選を果す。得票率で50・11%対49・89%という僅差だったため、納得がいかない国民党支持者は連日、総統府の前で大規模な抗議デモを繰り広げた。国民党陣営は「民進党政府が開票作業で不正を行った」と主張。異例の票の数え直しが行われ、結果は変わらなかった。さらに「銃撃事件は、陳水扁が有権者の同情を買うためにやった自作自演」だとして当選無効の訴訟も起こされたが、訴えを退ける判決が出ている。

「激怒」がニュースに

この年は頼清徳にとっても騒がしい1年となった。立法院（国会に相当）で他の委員の胸ぐらをつかむ姿がテレビカメラにとらえられ、「常に温厚で礼儀正しい」というイメージと異なる姿を見せた。

それは、世界保健機関（WHO）の最高意思決定機関、世界保健総会に台湾代表をオブザーバーとして派遣する議案が審議されている中で起きた。中華民国は1948年のWHO創立時のメンバーだったが、中華人民共和国が国連に加盟した翌年の1972年、WHOから「追放」されている。民進党政権はWHO再加盟の第一歩として総会へのオブザーバー参加を目指そうとしたが、無党派委員の朱星羽がこれに反対し、議案を支持する頼清徳を「襲撃」した。

朱星羽はもともと民進党議員だったが党の方針に反発し、離党した人物だ。「小鋼炮（剛直であけすけにものを言う人）」のキャラクターで一定の人気があり、古巣の民進党を批判することでメディアの注目を集めることも珍しくなかった。ただ、この日は議案の採決中、朱が頼清徳をののしり、さらに体当たりをして頭突きをしたり腹を殴ったりしたという。これに我慢ができなくなった頼が朱の胸ぐらをつかんだ。2人は他の議員らに引きはがされて、互いに大声を上げながらようやく席に戻った。

その日のニュースはいずれも「頼清徳激怒」が見出しとなって報じられた。たびたび問題を起こす異端児の朱星羽がまた「やらかした」ことより、品行方正なイメージの頼が激怒したことがニュースとなったのだ。

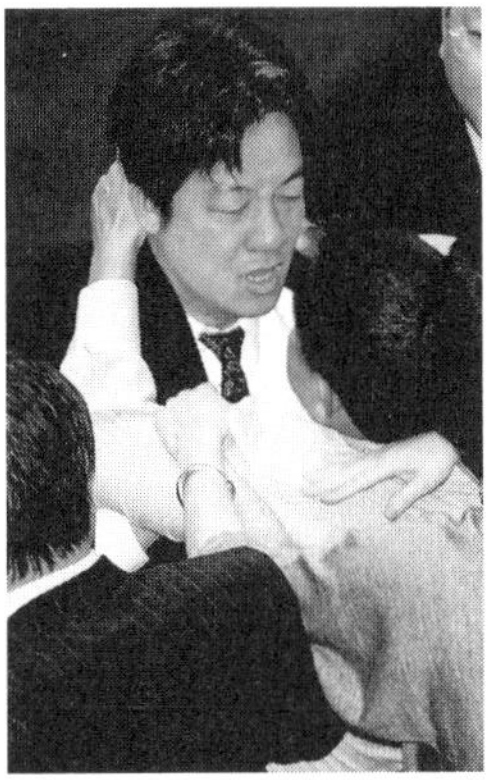

2004年、立法院での頼清徳と朱星羽。メディアは頼清徳が激怒したと報じた

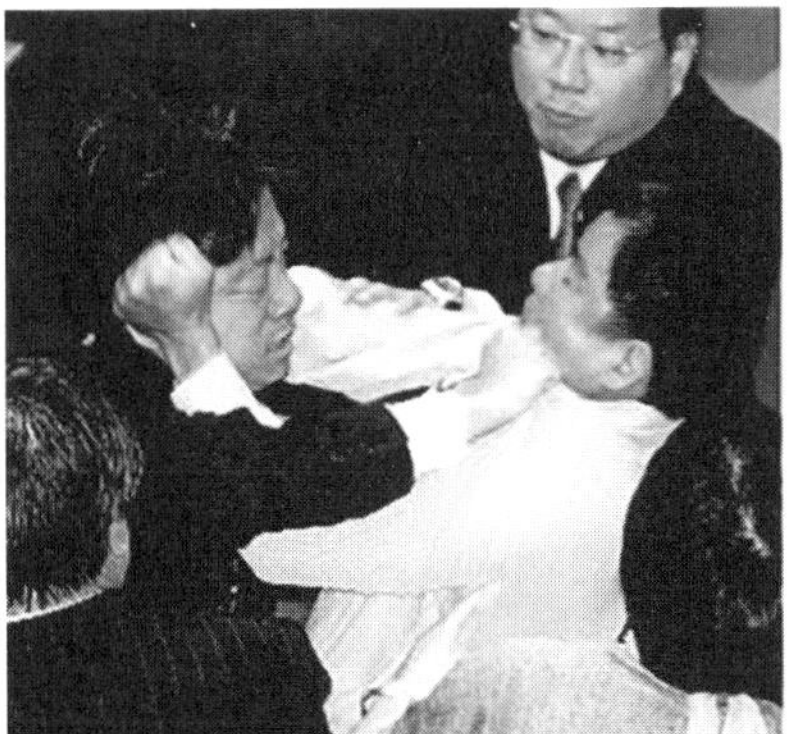

頼清徳は朱星羽に殴られた

なお、WHO総会へのオブザーバー参加を巡っては、「台湾は中国の一部」とする中国政府による反対が続いている。中国と協調路線を取る国民党・馬英九政権下の2009年から16年までは容認したが、民進党の蔡英文政権が発足した以降は再び反対している。

WHO憲章は「健康を享有することは、人種、宗教、政治的信念又は経済的若しくは社会的条件の差別なしに万人の有する基本的権利の一である」としている。2020年以降、世界を襲った新型コロナウイルスを思い出しても分かるように、疫禍は人間世界の信条など関係なく世界を襲う。しかし中国はWHO加盟すら、政争の道具としている。

路上で襲撃される

占いによると、頼清徳にとって2004年は「すべてがうまくいかない」一年だったという。7月26日、今度は立法院ではなく路上で襲撃されることになる。

台南市永華路の自宅近くでのことだった。若い男たちの乗った車が一方通行を逆走しているのを、道を歩いていた頼清徳が運転手に向けてそれをとがめた。すると3人の男が停まった車からバットを持って現れ、次々と殴りかかった。頼清徳は目と頭部に重傷を負い、救急搬送される。到着したのは成功大学病院。かつて医師を務めた病院に、救急患者とし

2004年、路上で暴行を受け重傷を負い、退院して記者会見

て運び込まれる羽目となった。けがをした目はあわや失明するところだった。

政界はこの事件に「政治的陰謀があるのではないか」と衝撃を受けたが、暴漢たちは政治に無縁な男たちと判明し、その後処罰された。

実は台湾では交通ルールで「歩行者優先」という発想が乏しく、それどころか「車優先」の悪しき習慣が続いている。車の渋滞が激しいことが背景にあるのだが、歩行者が青信号で横断歩道を渡っても右折や左折する車が停まることはなく、歩行者の列にわずかなすき間があれば強引に通過していく。台湾人が日本を訪れて、たった1人の歩行者が横断歩道を渡りきるのを数台の車がずっと待ち続ける光景を見て驚くのは、台湾人の「日本あるある」の一つだ。

海外メディアから「歩行者地獄」と報じられる汚

名を返上しようと、２０２３年5月には民進党の蔡英文政権において、歩行者優先を推進する交通安全行動綱領が閣議決定された。同年8月には歩行者優先を広く呼びかける「道路を市民に取り戻す」パレードが行われ、頼清徳も民進党主席（党首）として参加。関連のパネルディスカッションでは、あわや失明するところだった19年前の路上襲撃事件が話題となり、「頼清徳氏は歩行者の権利を守ろうとした元祖だ」と称賛された。当の頼は自分が襲撃された事件について、「同じことが起きれば、同じ行動を取る」と断言しつつ、「ただ、もう少し口調は柔らかくするかもね」と苦笑している。

労働者退職金条例の功績

頼清徳は立法委員（国会議員に相当）の任期中、数多くの法律の制定・改正に関わってきた。その中でも最大の功績は、数百万人の労働者の権益を守るためゼロから創設した「労働者退職金条例（労工退職新制度）」だ。

労働者退職金条例は２００４年末に制定され、２００５年7月1日に施行された。当時は陳水扁総統のもと民進党が政権を握っていたが、議会では少数派のため、法案を可決するには野党とのたび重なる折衝が必要だった。条例の制定には社会福祉・衛生環境委員会

陳菊労工委員会主任委員と協力して「労働者退職金条例」を制定

メンバーの頼清徳と「女性闘士」として知られる陳菊の力が大きかった。

陳菊は行政院（政府）で労工委員会主任委員を務めていた。日本で言えば厚生労働大臣にあたる。陳菊が閣僚として、頼清徳が議員として条例制定に邁進した。

頼清徳より9歳年上で1950年生まれの陳菊は若くして民主化運動に関わり、1979年に美麗島事件で逮捕され、懲役12年の判決を受けた。約6年入獄した後、1986年の民進党結成に参画した。生粋の闘士の1人だが、その見た目はチリチリの髪の毛が三方に広がり、穏やかな目に大きなくちびるが特徴的だ。台湾でも人気のある日本のアニメ『あたしンち』（同名の漫画が原作）に登場するユニークな母親と風貌に似ているとして、台湾でのアニメ中の呼び名「花媽（お母さん）」のニックネームで慕われている。

経済成長を重視してきた国民党政権下では労働者を保護する意識が乏しく、労働者の権利を保護する労働基準法も内容は不十分だった。労働者は毎月の給料から退職金積立金が天引きされるのだが、途中で転職したり解雇されたりすると積立金を受け取ることができず、会社側の「不労所得」となっていた。当時の台湾では、労働者の約9割もが年功に見合った退職金を受け取ることができなかった。

陳水扁が台北市長のとき市の社会局長を務めていた陳菊は、2000年に陳水扁政権が誕生すると労工委員会主任委員に登用され、労働基準法などの関連法改正に着手した。2005年施行の労工退職金条例により、雇用主は月額給与の6％以上を退職金の積立金として、労働者個人の退職金専用口座に振り込むことになった。この口座は労働者個人に属するため、転職や解雇の場合は次の勤め先に「持ち運び」ができ、会社が倒産しても確実に退職金を受け取ることができるようになった。

雇用主から見れば実質的な賃金アップになるため、中には毎月の給与を6％削減してボーナスなどを積み足す「付け替え」をしたり、従業員の一部を業務委託契約として雇用関係を解消したりする「抜け穴」的対応をする雇用主もいた。それでも全体として、長年にわたる労働者の不当な待遇を大きく改善したのは間違いなかった。

労基法改正に対する企業側の圧力は大きかった。民進党は議会多数派の国民党と争わなければならず、経済団体のロビー活動も非常に強力だったため、政権は妥協を迫られ、時には方針を断念せざるを得ないこともあった。

陳菊率いる労工委員会と頼清徳ら民進党の立法委員は共闘して、雇用主の代表者と何度も協議を重ねた。反対意見に耳を傾け、辛抱強く交渉し、最終的に改正案を完成させた。

それから18年後、頼は2023年に総統選挙に立候補した際、「労働者退職金条例を実現しようと思ったのは、母が長らく不当な扱いを受けていたことへの思いもあった」と個人的な体験を初めて明かした。

頼清徳が高校生の頃、母親の頼童好は転職をして「これまで19年間働いた積み重ねが、まったく無視された」と漏らしていた。転職により、それまで天引きされていた退職金積立金を受け取ることができなかったのだ。「私は当時それを理解できていなかったが、立法委員になって退職金が労働者にとっていかに重要か、やっと理解することができた」。母親の声は労働者の声であり、議員の良心と職業的自覚を促す原動力となった。

頼清徳は新制度の実現を自分の手柄のように語ることはない。今日では多くの若い労働者が新退職金制度の恩恵を享受しているが、それがある母親の悲痛な言葉に関係していることは知られていない。

幹事長就任、法案否決69回

労働者退職金条例が施行された2005年、頼清徳は民進党立法委員団の幹事長に抜擢された。お膳立てをしたのは、柯建銘。頼清徳がベテラン政治家・周清玉の委員長就任に異を唱えた際、仲裁をした人物だ。柯はこの年、民進党主席代理を務めていた。頼を「民進党の将来を担うスター」と見込んでいた彼が、幹事長という新たなステージを用意した。

幹事長は立法院（国会に相当）の会期中、主要メディアとの記者会見を毎朝開く。会見に先立ち、党の事務局スタッフから最新の世論状況を確認し、書類に目を通し、発表する内容を彼自身のバージョンに吸収・消化し、記者の前に臨まなければならない。立法院がある台北市と、頼清徳の地元・台南市は台湾を縦断する距離がある。新米幹事長は朝早く台南市を出発して事務局と打ち合わせをして記者会見に応じ、議員団と政策や議会運営などの諸課題について話し合った後、午後には台南市に戻り、住民との対話や地元の政治活動に追われた。午前中に台北市の立法院、午後は台南、そして夕方にまた台北へ行くことも珍しくなかった。そんな日は議員宿舎に泊まり、翌朝時間通りに立法院へ向かった。

頼清徳は２００８年まで幹事長を務める。当初は記者会見に不慣れな様子もあったが、しばらくすると記者たちと円満な協力関係を築き、何人かは個人的に社会問題を話し合う盟友となっていく。

また、幹事長として日本や米国へ訪問団を率い、議員外交を推進した。立法院では超党派の厚生会会長を務め、台湾のＷＨＯ加盟推進遊説団に参加して７回にわたり海外で遊説し、日本や米国、欧州など22カ国を訪問した。自由と民主主義の価値観を共有する国々との交流を深め、国際経験を積んでいく。

頼清徳が民進党幹事長だった２００５年、野党による武器購入ボイコットに直面する。陳水扁総統は米国に武器の調達を要請し、ジョージ・Ｗ・ブッシュ大統領が承認。しかし駆逐艦４隻、ディーゼル潜水艦８隻、Ｐ３Ｃ対潜偵察機12機などの購入特別予算案が議会多数派の野党によって、69回にわたり反対された。

頼清徳は当時、立法院での議案審議を調整する程序委員会に所属しており、10月の会合で国民党の委員らを激しく非難した。大きく目を見開き、「あなたたちは一体、なぜここにいるのか？　全く理解できない」と大声で叫び、さらには「クソだ！」とまで言い放った。そして壇上に上がってマイクを握り、「国家はあなたたちによって破滅される。冗談じゃない！」と指を指して非難した。

この年の4月、野党・国民党主席（党首）の連戦は中国を訪れ、胡錦濤・共産党総書記（国家主席）と会談した。１９４５年に蒋介石と毛沢東が会談して以来、60年ぶりの「国共トップ会談」の実現だ。中国が野党勢力を抱き込んで台湾政界を分断させ、民進党への圧力を強める狙いは明らかだった。

「あなたたちは中国に赴いては中国と団結して台湾を制し、そして今は武器の購入に反対している！　それを喜ぶのは私たちの子孫ではない。中華人民共和国だ！」

怒りに震える頼清徳の目は、まるで金剛像のようだったという。テレビニュースではやはり「日頃、温厚な性格で知られる頼清徳委員が……」とおなじみの「温厚」「真面目な」などの枕詞をつけて、激怒して怒鳴り声をあげる彼の映像が流された。

母親の死と試練

２００７年は頼清徳にとって忘れられない、辛い1年となった。年の初めに愛する母親、頼童好が亡くなったのだ。死因は腎臓病。奇しくも頼清徳は腎臓内科が専門分野だった。彼は政治家の道を選び、医師の資格を既に失っていた。母親を診察する医師には、あくまで「家族の希望」という形で医学的助言をすることしかできなかった。

テレビのインタビューで「人生最大の挫折は何か？」と問われた時、「医師として母親を救えなかった」と答え、話しながら涙を流した。父親を炭坑事故で亡くし、母親の願いを背に、1人でも悲しむ人を救うために医師になった。しかし、自分を苦労して育ててくれた母親のために、その力を発揮できなかった。言葉にならない深い自責の念が体中に広がった。

母の葬儀で頼清徳は悲しみにうちひしがれ、参列者もその姿に心を痛めた。頼は政治活動を中断し、故郷の万里の自宅で1か月を過ごし、門を閉ざして母の喪に服した。彼は母親の死について、親しい友人や側近以外にはあえて知らせなかったという。

そして悲しみも癒えぬ頃、民進党内の予備選挙という厳しい試練が待ち受けていた。

頼清徳はそれまでに立法委員選挙で3回当選している。それは複数の候補が当選する台南市南部の選挙区だった。翌2008年に行われる立法委員選挙では、それまでの中選挙区制から初めて小選挙区比例代表並立制が導入される。任期はそれまでの3年から4年となるが、選挙区でたった1つの議席を奪い合うことになる。日本のように比例区と重複立候補をして、小選挙区で落選しても比例区で再選する制度はない。まずは民進党候補を選ぶ予備選挙が行われることになる。

頼清徳は、国民党支持者が比較的多い安平区などの選挙区にすることが決まった。台南市内の各選挙区で民進党が最多議席を獲得する目標のため、選挙に強い頼清徳はあえて不利な選挙区に挑むことになった。

予備選挙の強敵は、台南市議の王定宇。長年、全国放送のテレビ政治番組に出演しており、知名度は高い。4選を目指すベテラン政治家となった頼清徳にとっても、少なからぬ脅威だった。

台湾では予備選挙は必ずしも投票を意味しない。世論調査により、候補者を決定することが一般的だ。まず候補者がそれぞれ複数の専門調査会社を指名し、調査会社は日本の世論調査と同じようにランダムに電話をしてどの候補者を推すか尋ねる。特定の候補者に極端に偏った世論調査を除外するなどした上で、複数の調査結果をつきあわせて有権者の支持の優劣を決める仕組みだ。日本ではなじみがない手法だが、調査のエキスパートであるこうした会社は候補者に頼まれて不正をするようなことはなく、信頼されているシステムだ。

　ただ、当時の党内予備選挙は世論調査の結果を50％とし、残り50％は党員の投票結果で判断していた。これまで意識的に党員を開拓してこなかった頼清徳には不利な形式だ。

　ここで頼清徳は台南市の地元ラジオ番組に繰り返し出演した。頼は医師の時からラジオの健康番組に出演していた。「志明」という芸名で地元ラジオ界の「顔」である康銀寿と気脈を通じて、政治家になった後もラジオ出演を続けていた。

　テレビの全国放送の政治番組に出演していたライバルより、地道に地方ラジオ局の出演に専念していたことが、力を発揮する。予備選挙では頼清徳が勝利した。王定宇は冷静に結果を受け止め、勝利者を祝福し、すぐに頼への支持を表明した。彼は「頼氏と予備選で対戦したことは、政治家としてのキャリアの中で非常に貴重な経験だった」と述べている。

　なお、王定宇は引き続き台南市議を務めた。２０１０年に台南県市が合併し、頼清徳は新しい台南市の初代市長となる。王は議員として頼市長の力強い同盟者となった。王は２０１６年には立法委員選挙に出馬し、全国最多の15万３３５３票を獲得して初当選。その後も再選を重ね、2026年の台南市長選の有力候補者と目されている。

立法委員選挙の仕組みが小選挙区比例代表並立制に変わること以上に、政治家にとって大きな問題があった。定数が225から113に半減されるのだ。それまでの立法委員は「川を泳ぐフナのように数は多いが、仕事が少なすぎる」と揶揄されていた。選挙に向けて知名度を上げたい委員の中には演説でけんかを仕掛け、物を投げたり壇上で飛び跳ねたりと、政策や主張に関係ないパフォーマンスで目立とうとする政治家も少なくなく、市民から批判の対象となっていた。

定数削減を求める世論の声は高まり、政治改革の焦点となっていた。政界で最も大きく声をあげたのは、民進党主席（党首）を務めた経験もある林義雄だった。美麗島事件で投獄され、母親と双子の娘を何者かに殺害された悲劇の闘士だ。林は2004年に立法院前で座り込みを行い、小選挙区比例代表並立制の導入と委員の半減を主張した。立法院で協議が進み、2008年の選挙から定数を113に削減することが決まった。これにより、現職の委員の半分が次の選挙で落選することになる。しかも当然のごとく、新人候補もいる。各選挙区で議員のイスが一つになるということは、民進党候補と国民党候補の一騎打ちとなる確率が高いことを意味した。

頼清徳が選挙区で戦う国民党候補は、現職の立法委員の高思博。なんと、頼が成功大学病院で親身に世話をし、義理の親子関係を結んだ高錦徳の孫だった。高錦徳は台湾独立論者の財界人として政界でも有名だったが、孫は政治的に真逆となる親中派の国民党から出馬し、３年前に中選挙区時代の立法委員選挙で当選していた。あくまで義理のことだが、高思博から見れば、頼清徳は「叔父」にあたる。選挙戦は異例の展開を見せることとなる。

「ニセ叔父」と呼ばれて

立法委員選挙が始まり、頼清徳は台南市の安平区、南部区、東部区の第２選挙区で国民党候補の高思博と対決した。そして「ニセ者の叔父」というレッテルを貼られることとなる。高陣営は「ニセ叔父と本物の孫の戦いだ」とネガティブキャンペーンを展開した。高思博の父親・高育仁は国民党の有力幹部だった。高陣営は「選挙に負ければ、高家の政治的遺産が絶えてしまう」と訴えた。

安平区はもともと高思博の政治家としてのキャリアの発祥の地だ。高家からすれば、頼清徳が乗り込んできたのは「分別をわきまえない」ことだった。頼の人気が高まっているのを見て、地元メディア関係者は「高思博不利」と予想した。危機を感じた高陣営は頼の個人攻撃を強め、「頼清徳は高家の地位と利益を取り入れようとしている」と非難を続けた。彼らは日本のドラマ『白い巨塔』（原作は同名の小説）の主人公・財前五郎の名前を引用し、「財前医師と華麗なる一族の対決」とも喧伝した。ドラマの中で手段を選ばず大学病院で出世しようとする医師・財前と、医師出身の頼を重ね合わせたのだ。

頼清徳が高錦徳と義理の親子関係を結んでから既に14年が経っており、選挙で攻撃材料にされるとは予想もしないことだった。そして非常に複雑な思いを感じた。高錦徳は日本への留学経験があり台南県の副県長を務めた人物で、台湾独立派の活動家・政治家らと良好な関係を持っていた。のちに民進党初の総統となる陳水扁の後押しもしており、総統就任前の陳が病床の高錦徳をわざわざ見舞いに来たこともある。高思博の陣営は「当選して、高家の政治的遺産を守る」と主張するが、親中派の国民党の方針と台湾独立を夢見る高錦徳の志はまったく一致しない。

「高家は高錦徳氏を選挙の道具として扱っている。これは非常に不適切なことです！」

頼陣営は安平区の路上に大きな看板を掲げ、デマに反論した。頼清徳は高錦徳との「家族づきあい」は生誕100周年パーティーに出席した程度で、高家に接近して利益を得た事実もないことを説明し、高錦徳が徹底した台湾独立活動家であることも強調した。

高錦徳は当時存命だったが寝たきりの生活をしており、選挙期間中の健康状態は芳しくなかったという。２００８年1月12日に行われた選挙では、頼清徳が高思博に５０００票以上の差を付けて勝利した。その約1か月の2月17日、高錦徳は１０４歳で亡くなった。頼は義理の息子として、17日から19日にかけて葬儀に参列し、義父に弔意を表した。

立法委員選挙で民進党は全土で大敗し、64議席からわずか27議席に減少した。定数が２２５から１１３に半減したとはいえ、それ以上の激減だ。逆に国民党は81議席と大幅に増やした。民進党の創設以来、最大の惨敗となる中、台南選挙区の５議席は民進党がすべて獲得した。台南市は民進党の強固な支持基盤とは言え、党の歴史的大敗の中、頼らの健闘ぶりは際立った。

民進党の転落は続く。2カ月後の総統選挙で、民進党候補の謝長廷が国民党の馬英九に敗れたのだ。

陳水扁は2期8年の任期を満了し、憲法の規定で3期目は出馬できないため、民進党主席（党首）や行政院長（首相に相当）を歴任した謝に後任を託した。

弁護士出身の謝長廷は陳水扁と同じく、１９７９年の美麗島事件で弁護団に加わったことがきっかけで政治家となった1人だ。台南市に隣接する高雄市長を務め、交通インフラの整備、河川や水道の水質改善などの民生に力を入れ、市民から高い支持を受けた。陳総統の下で行政院長も務めた。

総統選では、「革命ではなく根本的な改革をする」として日本の明治維新にならった「台湾維新」をスローガンに掲げた。当時は61歳で政治家としては決して高齢ではないが、「落選すれば政界を引退する」と公言し、背水の陣で選挙戦に挑んだ。しかし、3月22日の投票では馬英九が765万票を獲得したのに対し謝長廷は544万票にとどまった。220万票以上の大差をつけられ、総統のイスを再び国民党に明け渡すことになった。

これは、陳水扁政権への有権者の評価がそのまま出た形となった。陳は総統2期目に入り、公的機関で使用されている「中国、中華」という呼称を「台湾」へ置き換える「台湾正名政策」を推し進め、「中華郵政」や「中国造船」を「台湾郵政」「台湾国際造船」に改称した。「脱蒋介石化」も図り、蒋介石の本名である「中正」を冠した「中正国際空港」を「台湾桃園国際空港」に変更した。

その一方で、陳水扁の側近や家族のスキャンダルが次々と発覚する。正副総統に次ぐ総統府のトップである秘書長（官房長官に相当）を務めた陳哲男が業者の招待で海外旅行をしていたことが発覚。さらに陳水扁の娘婿である趙建銘がインサイダー取引で逮捕された。

そして陳の妻である呉淑珍は総統府の機密費を私的に流用したとして、汚職罪などで起訴される。「清廉さ」をアピールしてきた陳政権にとってはいずれも大打撃となり、多くの台湾人の期待を裏切った結果、民進党は立法委員選挙でも総統選挙でも大敗を喫することとなる。

陳水扁自身も総統退任から7カ月後、総統府機密費の不正流用や公共工事の入札をめぐる収賄など4つの事件で罪に問われ、起訴された。一審では無期懲役と終身公民権剥奪という厳しい判決を受けるが、その後の裁判では減刑や一部無罪の判決があり、現在は病気療養のため収監先から仮釈放されている。

なお、頼清徳を「ニセ叔父」呼ばわりした高思博はその後、2008年に馬英九政権が誕生すると、内閣の政務委員（無任所大臣）などを務めた。2018年末には台南市長選挙に立候補したが、民進党候補に敗れている。

水曜夜の「診察」

立法委員（国会議員に相当）として中央政界で存在感を高めていった頼清徳は、地元の選挙区では有権者たちとどのように接していたのか。それは医師時代の経験を生かしたスタイルだった。

台南市内の湯徳章紀念公園から50メートルも離れていない南門路の2階建ての建物。そこは頼清徳が長い間、議員事務所として使用していた。見た目は何の変哲もない建物だが、台南市民のほとんどが知っている場所だ。

頼清徳は国民大会代表に当選した1996年、成功大学の同級生で台南市議だった林易煌と共同で事務所を設立した。そして1999年の立法委員就任から2010年に辞任するまで12年近くにわたり、この事務所で毎週水曜日の夜に有権者の相談に応じていた。医師が患者とコミュニケーションをとるのと同じように、有権者の悩みに耳を傾け、アドバイスを続けた。側溝や街路灯の整備から違法建築、学校教育、個人の雇用問題まで、その内容は多岐にわたった。時には医師としての頼清徳を頼り、「ここが痛いんです」と訴える人もいたが、政治家となり医師の資格を失った彼は一般的な助言をするにとどめた。

頼清徳は有権者の相談内容について病院のカルテのように記録し、保存した。民進党支持者か国民党支持者かにかかわらず門戸を開き、相談件数は累計で10万件以上に達した。これらの「カルテ」は彼の政治家人生において非常に重要な資料となり、のちに台南市長に当選する時に大いに役立った。台南市のほとんどの民進党議員はこの「頼清徳モデル」

を取り入れ、同様の相談会を始めるようになった。

事務所近くの湯徳章紀念公園は、1948年の2・28事件で民衆を命懸けで守った弁護士・湯徳章（日本名・坂井徳章）を記念した公園だ。日本人警察官の父と台湾人の母の間に生まれた彼は2・28事件で台南市の学生が虐殺される事態を防ぎ、自身が国民党軍に銃殺された。

頼清徳の事務所は現在、鄭南榕記念館となっている。鄭南榕は国民党の弾圧を受けながら、言論の自由を求めた政治雑誌『自由時代』の編集長だ。民衆のために人生を捧げた湯徳章と鄭南榕の姿は、頼清徳の信念と重なって見える。

ラジオという武器

頼清徳は成功大学病院の医師だった頃、地元の南都ラジオの健康番組の司会を務め、健康にまつわる解説をしたり相談に答えたりしていた。ラジオの出演は、政治家を目指すきっかけにもなった。

台湾のラジオ局は、当局に無許可で始めた「地下ラジオ」をルーツとするものが少なくない。南都ラジオの前身もそうで、国民党の政治を批判し、時には弾圧を免れるため拠点を変えて放送を続けた。南都ラジオの経営者は黄昭凱。国民大会の代表にも選ばれ、政治、メディア、ビジネスと幅広い分野で活躍していた。台湾自立への思いは強く、2・28事件の被害者の名誉回復を自らの使命としていた。政治弾圧を受けた被害者とその家族へ深い思いやりを持ち、「アンクル・カイ（凱おじさん）」の名で親しまれている。そして頼清徳に番組出演の機会を与えたのが、黄だった。

「当時、国民皆保険の実現を目指す社会運動が始まっていた。南都ラジオに若い医師のグループが集まり、『健康広場』という番組を立ち上げ、医師が交代で司会をしていた」と振り返る黄。その医師の中に頼清徳がいた。1994年の台湾省長選挙で頼たちが陳定南の支援活動を始めると、スタジオに多くの市民を入れて陳を応援した。

頼清徳自身が政界に入った後、「志明」の芸名で知られるラジオキャスター、康銀寿の番組でレギュラーを10年以上務めた。康は毎週月曜から土曜までラジオ局の朝の帯番組を持っているほか、一時は台湾で十数局のラジオチャンネルに出演していた。抜群の知名度を誇り、今も大きな影響力がある。康は番組を通じて、頼の大ファンになっていた。国民大会代表や立法委員を務める頼にとって、ラジオは時々の政治課題を伝え、有権者と対話するためのプラットフォームとなった。

ラジオ番組では市民になじみのある台湾語を話し、良い訓練になったという。台湾の標準中国語は中国北方の北京語を元にしており、一方の台湾語は中国南部の福建省でよく使用される閩南語《びんなんご》が由来で、違う言語というくらい発音が異なる。例えば、豚バラ肉を醤油のスープで甘辛く煮込み、ご飯にかける台湾の代表料理「魯肉飯」は、中国語の発音なら「ルーローファン」、台湾語では「ローバーポン」となる。「快一点（ちょっと急いで）」の発音も中国語は「クァイイーディアル」、台湾語は「カッキン」と大きく違う。人名の発音でも、たとえば陳水扁は中国語なら「チェン・シュイピエン」だが、台湾語では「タン・ツイピー」とまるで別人のようになる。

頼清徳が生まれた台湾北部では日常語は中国語が中心なのに対し、頼が学生時代から拠点とする台湾南部は台湾語がよく使われる。ラジオ番組の出演は、彼にとって恰好の学びの場となった。

全国で１位に

頼清徳は国民大会代表や立法委員になった当初、全国的な知名度は低かった。著名な政治家はテレビの政治番組に出演し、その存在感を誇示しようとしていた。頼はハンガーストライキで病院へ運ばれたことで注目されたが、その後も政治番組にはあまり出演しなかった。これは彼が台南市を拠点としていることと密接に関係している。台湾を縦断するように台南市と台北市を往復する日々のため、夜に台北のスタジオから生放送される政治番組に出演することは非常に難しかった。メディアと政治の重要な関係を理解している彼が、自分のスケジュールと選挙区のニーズに最も適した方法として、台南市の地元ラジオ局を選択したのは大正解だった。

台南市民の多くは早く就寝するため、夜の政治番組をゆっくり見ることが少ない。朝は早起きが習慣となっており、台南の商店主や農民、労働者は働きながらラジオを聞いて情報を得ている。頼清徳はこうした慣習をよく認識しており、ラジオに定期的に出演した。彼の主張は商店の中から農道まで、すみずみに浸透していった。

こうした「アヒルの水かき」のような手法は、政治家の間では注目されずに続けられた。党内外の政治的ライバルがその効果に気づいた時はすでに遅く、頼清徳はラジオの電波を通じて多くの支持層を獲得していた。

ラジオキャスターの康銀寿は2歳年下の頼清徳とウインウインの関係を築いた。ラジオ局にとって頼のような強い大衆的魅力を持ったゲストが必要であり、頼にとってラジオは貴重な広報と宣伝のツールだった。２人の関係はさながら「水魚の交わり」のようだった。

頼清徳が２０１４年に台南市長２期目を目指す選挙中、康銀寿は頼清徳後援会の会長に就任する。頼は選挙で非常に高い得票率を続け、対立陣営からは「高い障壁」と呼ばれた。投開票で頼が当選を果たすと康もステージでともに手を挙げて勝利を祝った。頼の台南市長時代は市政府顧問も務めた。東京電力福島第1原発事故の後、海外からの観光客が激減した栃木県日光市のため、ラジオで日光への旅行を呼びかけ、全員が「行こう日光」と日本語で書かれたTシャツを着て観光したのも康のアイデアだ。

頼清徳の番組出演は、彼が行政院長（首相に相当）に就任する２０１７年9月8日で終わりを告げる。台北へ出発する際、台南の聴衆に別れを告げるため、ラジオ局で康銀寿からの10分間のインタビューにも応じた。

「頼清徳氏は出演料をもらっていたか?」という質問に康銀寿は「もちろんノーギャラだよ。むしろ、彼が私にお金を払うべきだね!」と冗談めかして答えている。

毎週水曜日の「診察」とラジオのレギュラー出演を通じ、頼清徳は有権者たちと密接に交流し、そのニーズを把握して、政治家としてなすべきことにフィードバックした。

その活動は、台湾で議会の監視活動を行う民間団体「公民監督国会連盟（公督盟）」に評価された。公督盟は立法委員らについて議会や委員会への出席率、質問回数、質問の内容や論理性、市民による評価などを調べ、評点を付けている。公督盟の活動により、政治家たちの議会出席率が向上し、質問の内容にも変化を与えているといわれている。

公督盟は立法委員の「成績表」ともいえる名鑑「立法委員問政表現」を作成しており、頼清徳は全国で1位に選ばれたことがある。医師の時代から変わらず、政治家として人のために尽くすことを信条とする頼にとって、この上ない勲章と言える。

第7章

初代「新・台南市長」に就任

台南市長に

２００８年の立法委員選挙と総統選挙で、民進党陣営は惨敗を喫した。結党以来最大の危機を迎えた党の主席（党首）に就いたのが、初の女性主席となる蔡英文だった。

学者出身の蔡英文は１９９９年、中台関係を「特殊な国と国との関係」と規定した国民党・李登輝総統の「二国論」の起草に関与。２０００年の民進党・陳水扁政権の誕生で対中政策を担当する大陸委員会主任（大臣に相当）、２００６年から副行政院長（副首相に相当）を務めていた。党主席選挙では、党重鎮の他候補を破って当選。党草創期のメンバーが主導してきた民進党で、世代交代が進んでいることを印象づけ、党の崩壊を防ぐ救世主の役回りを期待された。意気消沈する党内を盛り返すため、まずは目先の地方首長選挙で勝つことが最優先事項となる。そして民進党の固い支持基盤・台南市の市長選挙候補に頼清徳を選んだ。

台南市長選挙は２００９年に行われる予定だったが、台南市と台南県が合併し、台湾省が管轄していた台南市から、新たな中央政府が管轄する直轄市としての台南市が２０１０年に誕生することになり、市長選挙は1年遅れの実施が決まった。

これは国民党の馬英九政権の「ある思惑」と関係があった。台南市の合併は、台湾北部

初代台南市長に就任

の台北県を直轄市の新北市に昇格させることとセットで行われた。政権を手に入れた馬英九は、頼清徳の高校時代の同級生で国民党の「プリンス」と呼ばれた朱立倫を新北市長にしようと考えており、朱に選挙運動の時間を与えるため選挙の実施期間を遅らせた。

その策略は、頼清徳にも思わぬ「プレゼント」になった。小選挙区制度での激戦を経て２００８年に立法委員に再選したばかりの彼が翌２００９年に市長選挙に出れば、対立陣営から「わずか1年で立法委員の座を投げ捨てた」と攻撃されることは確実だった。市長選が1年遅れたことは、むしろ追い風となった。

台南市、新北市のほかにも、台中市と高雄

市がそれぞれ合併により直轄市に昇格。これで首都・台北市と合わせ直轄市は5市となり、2010年11月27日に一斉に5市の市長選挙・市議選挙が行われることになった。「目先の勝利」を狙った民進党にとって、結果は散々だった。台湾で人口最多都市となった新北市の市長選挙では、民進党主席の蔡英文が自ら候補者となったが、馬英九の後継者と目されるプリンス・朱立倫の前に敗北。台北市、台中市でも民進党候補が敗れた。

市長選挙で民進党候補が勝ったのは、頼清徳が立った台南市と、『あたしンち』の「花媽（お母さん）」こと陳菊が候補となった高雄市だけだった。特に頼清徳は得票率60％以上を獲得した。立法院で11年間、政治を学んだ彼は市長就任初日の2010年12月25日、「将来を見据えた新しい政治を実践する」と宣言した。

公平性と透明性重視の政策実行

「国の運命を変えるためには、政治的悪習を変える必要がある。その最も重要かつ効果的な鍵は地方政治にある。地方の政治改革が成功した場合にのみ、台湾の政治を明確にすることができる」。頼清徳は自著でそう強調している。

台南市長となって断行した一つが、市議が公共事業に関与する「悪習」の改善だった。

闇資金との闘いにおいて市民の支持を受けた

台湾の地方議会では、各地域の議員が公共工事を「補助」するという規定がある。たとえば排水溝の整備や道路の補修、橋の建設など、地域の住民が必要とする工事を地元市議が聞き、工事の実施と必要な予算の支出を行政に働きかけるものだ。行政からすれば議会との対立を避け、予算案をはじめとした議案が通過しやすくなるメリットがある。しかし当然のごとく、議員が業者と結託してリベートを受け、偽装工事や手抜き工事が発生することが以前から指摘されていた。

「台南市民が汗水流して働いて納めた税金が、議員に都合良く使われている」。そう判断した頼清徳がこの規定を取り消すと決めると、市民は称賛の声を上げた。これに対し、市議会議長の呉健保は「市議に汚名を着せ、議会を混乱させている」と市長を強く批判。全国的にも話題となった。2011年3月3日夜、頼市長はテレビの有力政治番組「全民開講」に台南市から中継で参加。生放送でさまざまな論客と意見を交わした。

市民の多くは頼清徳市長を支持し、政党の異なる馬英九総統すらこの問題では頼を支持した。台南市議会は予算案をボイコットする対抗策を講じたが、市民の激しい批判を受け、予算審議に応じざるを得なかった。

頼市長はその後、市議が市役所人事に介入することや土地開発プロジェクトに関与することをやめさせた。こうして、議員の特権を一つずつ引きはがしていく。

市内の区長人事も新たな方法を採用した。合併前の台南市には各地に区長、台南県には郷鎮市長というポストがあり、選挙で決められていた。合併して直轄市となった台南市では37の区が誕生し、市が区長を任命することになった。市長の権限を使えば、これまで政治家としての自分を応援してくれた側近や支持者を登用したり、区長のポストを論功行賞に活用したりすることができる。一般的な政治家なら当然そうするだろうが、頼市長はそうはしなかった。まず旧台南県の郷鎮市長はそのまま各地の区長として留任させ、それ以外の区では公開で希望者の口頭試問を行い、公平な委員会で決定することにしたのだ。

頼清徳は情実人事を行わず、公平性と透明性を重視した。のちに台北市長になる柯文哲が同じ方式を導入して注目を集めるが、頼清徳は先に実行していた。

「クソが」とつぶやき

２０１２年5月20日深夜、台南市で大雨が降り、三爺宮川沿いに洪水が発生し、飼育していた鶏を探しに出た女性２人が川に落ちて溺死する事故が起きた。市内の仁徳太乙工業区では水位が胸の高さまで達し、経済的に大きな損失をもたらした。被災者は憤り、企業からも不満の声が上がっていた。

頼市長は市水利局の李孟諺局長らと現場へ災害調査に赴いた。三爺宮川の改修事業は、中央政府が受け持っていた。水害の責任は政府にあることは明白だが、それは心の中にしまい、住民には説明しなかった。頼市長は「クソが」とつぶやき、隣を歩く李局長に「水害の問題は30年間、解決していない。中央がやらないなら、我々が金を捻出して何とかするしかない」と話した。

頼市長は治水問題を解決するため、中央政府の資金提供を待つのをやめた。政府は三爺宮川の改修に80億台湾元を投入し、20年間かけて完成させる計画だ。台南市は独自に7億

5000万台湾元を拠出し、これに中央政府が割り当てた資金2億5000万元を足して改修事業を早めた。

前回の水害から2年余りが過ぎた2014年8月12日、台南市をまた豪雨が襲った。「812台南豪雨」と言われるほど各地に水害をもたらしたが、三爺宮川の洪水による被害は2年前の水害に比べて少なく済んだ。

台南市ではさらに、治水対策として独自の「カクテル療法」を取り入れた。カクテル療法とは医学の世界で、患者の症状・体質に合わせて複数の薬を組み合わせて投与し、症状を抑える治療法を指す。頼清徳は「台南市では3年間で3000キロメートルの側溝を清掃し、1000カ所以上に雨水下水管を設置し、450キロメートルの川底の土砂やヘドロを浚渫《しゅんせつ》した。これは前人未到の記録だ」と説明する。河川の流下能力を高め、市街地の流水・吸水能力を向上させ、まさに複数の対策で洪水を抑える「カクテル療法」を実践した。大雨が降るたびに台南の街が浸水する光景はめっきり減っていった。インターネットを使った被害状況のリアルタイム確認、ドローンを使った救助活動など、先端技術も駆使した。高速道路を「第2の堤防」とし、農地を「ため池」として活用するなど、インフラや地形も治水対策に取り入れた。水利局長の李孟諺は「10年かかる治水対策を3年足らずで実現した」と話す。

「神」と呼ばれる

頼清徳は市長時代から、インターネットの世界などで「頼神」の異名で呼ばれるようになる。彼自身は「お世辞としても、あまりに大げさすぎる」と当惑している。

台湾はたびたび台風が通過し、地方の首長は公的機関を閉鎖して学校を休校する「台風休暇」を実施するかどうかで頭を悩ませている。市民の安全を守るための措置だが、有権者を喜ばせるために休暇を決めるなど、政治的な人気取りも問題になっていた。首長によっては痛くもない腹を探られないよう、近隣自治体と連絡を取り合って一斉に台風休暇を取るようにすることも多い。

２０１２年８月24日、「天秤」と名付けられた大型の台風14号が台湾を襲った。その前夜、台湾南部の自治体は次々と台風休暇を発表したが、台南市だけは何の通知もなかった。24日午前５時、頼市長は「本日は通常の出勤、登校とする」と発表した。頼は中央気象局の予測のほか国立成功大学の気象専門家の見解や気象会社のデータを徹夜で比較し、決断したという。市民は一様に驚いたが、ふたを開けてみると、台南市に天秤台風の影響はまったくなかった。台風休暇が発表された自治体では、多くの市民が昼間から街に出かけ、買い物やカラオケを楽しんでいた。対照的に、頼清徳はただ1人、台風の動きを予測できたとして「頼神」と呼ばれるようになった。

「データに基づいて判断することは、頼清徳の特徴だ。「それは医師として働いた影響でもある」と本人は言う。24日早朝、市役所近くの料理店で、羊肉のスープを味わう頼市長の姿を他の客が撮影しネットに投稿した。徹夜をしてデータを見比べ、朝5時に決断をした後、ようやく食事にありつけたのだった。それは「神」でもなく、市長として最善の務めを果たした一人の人間の姿だった。

ただ、民意は水のように流れが変わるものだ。神ならぬ頼清徳には、まだまだ苦難が待ち受けていた。

「死者への紙幣」を投げつけられる

台南市内の鉄道の地下化工事では、激しい抵抗に遭遇することになる。

台南鉄道の地下化は1991年以来、国民党と民進党の政権にかかわらず、中央政府により計画が進められていた。頼清徳が台南市長に就任する前年の2009年、建設方法が確定し、財源も確保された。頼も市長として計画を推進することにした。

経済が成長し人口が増える中、地上の線路は渋滞を招き、新たな都市開発をする障害となっていた。何より、踏切ではよく事故が発生する。列車にひかれた子どもの遺体が踏切脇で白いシートで覆われている光景は悲痛である。ただ、頼清徳の友人や側近は「地下化問題は非常にリスクが高い」と警告した。

２０１２年、従来の鉄道路線の東側にある４００世帯を工事のため取り壊す必要があると発表し、移住を求めた。すると8月、大学教授の陳致暁と近隣住民３２３戸が鉄道工事に反対するグループ「台南鉄道の東方移転に反対する自主救援会」を結成。天秤台風が台湾に接近し、頼市長が「神対応」した4日後のことだ。住人の1人である陳は弁舌が巧みなリーダーであり、住民の反対運動に地元メディアと世論は同情的な態度を示していた。

反対運動は長期化し、全国の注目も集まる中、「ひまわり学生運動」リーダーの林飛帆や陳為廷も抗議行動に参加するようになった。この運動は２０１４年3月18日、学生たちが立法院（国会に相当）を占拠したことに始まる。親中派の国民党政権が、中国と台湾間のサービス分野の市場開放をする「サービス貿易協定」の批准を推し進めようとしたのに対し、協定に反対しデモをしていた学生たちが立法院議場内に進入。台湾の憲政史上において初めて、民衆によって議場が占拠される事態となった。学生たちは4月10日まで立法院の占拠を続け、政府から一定の譲歩を勝ち取ると、立法院を清掃して立ち去った。学生たちの力の前に、馬英九政権の支持率は大幅に低下した。

国民党政権に立ち向かう学生たちは民進党に近い立場と言えるだけに、民進党の頼清徳市長の前に彼らが立ちはだかったのは予想外のことだった。経済・法学分野でトップレベルの国立政治大学の徐世栄教授や環境保護団体の専門家らも応援に駆けつけ、土地収用の手法や環境保護を巡り頼市長を攻撃した。

抗議団体の「台南鉄道の東方移転に反対する自主救援会」という名前から、地上の鉄道がそのまま東に移転されるかのように誤解が広がったことも問題を複雑化させた。

陳致暁は抗議活動のスターとなり、頼市長が行くところに絶えず姿を現した。2016年5月には、頼清徳が企画したイベントに陳致暁が一市民として参加し、金銭を模した紙幣「冥紙」を投げつけた。冥紙とは死者と共に埋葬したり火葬したりするものだ。

頼市長が立ち退きを進める本当の狙いは、住宅を取り壊して更地にした土地に豪邸やショッピングモールを建設し、「利権をむさぼる」ことだとまで非難された。鉄道が地下化されれば地上の土地は大通りや公園を整備する計画だと頼市長は何度も資料を提示しながら説明したが、そうした疑念は繰り返し投げかけられた。

地下鉄工事に伴う立ち退きを巡っては、台湾の市長にとっては悪い「前例」がある。台北市で１９９２年、地下鉄工事のため巨大な住居兼商業施設「中華商場」を取り壊したところ、民衆の反発を呼び、計画を推し進めた黄大洲市長は2年後の選挙で落選している。頼市長の周囲は台南鉄道地下化計画の一時延期を助言したが、頼は「しばらくは誤解されても、問題が解決すれば市民に理解してもらえると深く信じている」と前進を続けた。

頼市長の激励を受け、市の職員は立ち退き対象の住宅を戸別訪問し、説得を繰り返した。ある職員は飼い犬にかまれたこともあった。頼市長はさらに前例のない住民の再定住計画を立案する。市が代替地を提供して地元で評判の良い建設会社が移転用の住宅を建設するプランで、土地は1坪10万台湾元（約35万円）で販売し、銀行から低利ローンを受けられるようにした。台湾銀行台南支店がその低利ローン案を渋ると、頼市長が台北市の台湾銀行本店を直接訪れて説得した。新住宅の工事は２０１５年に着工され、２０１７年に完成した。総世帯数は３６６世帯で、立ち退き世帯の９割近くとなっている。この地域の地価は現在の市場価格では1坪39万台湾元となっている。

こうした努力で移住に同意する住民も増えていった。頼清徳はその強い意志と実行力で、不可能を可能に変えた。

なお、陳致暁と数人はあくまで拒否を続ける。市は法律に基づいて取り壊しに関する公聴会や説明会を開いた後、取り壊しを実施。現場には警察が出動し、住民が反発して騒然となった。

２０１７年4月、週刊誌『新新聞』創刊30周年記念で頼清徳は台北市に招待され、講演を行った。会場が満員の中、頼が演説を終えると、陳致暁が手を挙げて発言した。「頼市長はいま、『自分は医師であり、人権を尊重している』と主張したが、鉄道を地下に移動させることで、建物を取り壊した。あなたは住民の人権を全く考慮しなかった」と非難した。頼は陳の発言に黙って耳を傾け、あらためて市の方針を説明した。

彼らの活動は２０２０年10月まで続き、ようやく取り壊しは終わった。２０２３年8月時点で、鉄道地下工事は73％まで終了した。頼清徳が行政院長（首相に相当）に就任して台南市を離れた後、鉄道地下プロジェクトの開通式が行われた。遺跡が発掘されるなど工事は新しい課題に直面しているが、２０２６年完成という目標は達成できるとしている。

前代未聞の議会ボイコット

頼清徳は２０１４年、再選を目指して台南市長選挙に出馬する。そして大胆な方針を決めた。

「選挙本部を設けない。看板やのぼり旗を掲示しない。選挙カーを使わない。大規模な宣伝活動はしない。全国的なテレビ広告は行わない」。支持者たちはまたもや驚かされた。ほとんど選挙運動をしない手法は、有権者の目には「傲慢」に映るのではないか。そんな不安を本人は気にしなかった。

「これが進歩的な選挙の形だ。相手陣営を攻撃することも、空手形のような公約をうたう必要もない。ただ、私が市長として4年間行ってきたことを投票で評価してくれればいい」

頼清徳の思いに市民は応えた。選挙では72・９％もの得票率で国民党候補に圧勝した。これは台湾の地方選挙史上、最も高い比率となる。

２０１４年12月の統一地方選挙では、台南市長選挙以外でも民進党が躍進した。お隣の高雄市では「花媽（お母さん）」こと陳菊が再選。このほか民進党は直轄市の高雄市、新竹市、台中市の市長選に勝利。同じ直轄市で首都の台北市では、民進党が戦略的協力関係を結んだ無所属候補、柯文哲が国民党候補を撃破した。このほか桃園市や基隆市でも市長の座を射止めた。4年前の統一地方選挙と比較すると大きく戦況がひっくり返った。

再選を果たし順風満帆に2期目を迎えた頼市長はその直後、議会と全面対決することになる。台南市議会の議長選が行われたところ、意外にも国民党市議の李全教が選ばれた。議会は民進党議員が過半数を握っているのに。

周囲によると、頼清徳は「怒りで顔を真っ赤にして市長室に戻ってきた」という。頼が各党の市議から話を聞いてみると、とんでもない疑惑が浮かび上がった。李全教が民進党議員に金銭を渡し、票を「買った」というのだ。

12月31日、李全教の選挙幹部らが贈賄容疑で告発され、台南地方検察庁は李全教の当選が無効として訴訟を起こした。それでも翌2015年1月6日、何もなかったかのように李は第1回臨時市議会の招集を発表した。ここで頼清徳市長は驚くべきことを公言する。

「李全教氏の選挙買収事件が司法の手で解明されるまで、議会には入らない」

市長が議会をボイコットするというのだ。1月19日、「公約」通り、頼清徳も市の幹部も全員、議会に出席しなかった。李議長率いる市議会は対抗して、頼清徳の行動に問題があるとして行政院と監察院に調査するよう求めた。

台湾の政治は「五権分立」を基本とする。日本と同じ立法、行政、司法の三権のほか、任務を遂行していない公務員を問責・弾劾する権限を持つ「監察」と、公務員の人事・試験を管轄する「考試」という二権を加える。監察権を立法権から独立させることで、権力が集中することを防ぐという考えだ。

頼清徳は行政院と監察院から調査を受けるようになり、「議会に入るかどうかは政治問題であり、法的問題ではない」と訴えた。頼はこのことが民進党主席の蔡英文に責任が及ぶことを警戒し、ボイコットの決断を事前には伝えていなかったという。ボイコットは自分個人の決断であるとして、党に責任が及ばないようにしたのだ。

実際、党内の多くの人々はボイコットを支持せず、憲法違反の恐れすらあると懸念した。中央政界以来の盟友・陳菊や党の重鎮・謝長廷もボイコットには反対し、「今は妥協して、事態が変わるまで辛抱する時だ」とアドバイスした。

しかし頼市長は議会ボイコットを続け、全土の関心を集めていく。頼清徳のことを知らない台南市以外の市民が「裏金と戦う医師市長」と注目し始めた。

そして台南地検は４月２日、李全教が議長贈収賄事件に関与したとして起訴した。李は15万台湾元の保釈金を支払って議会に戻ったが、裏金との長期レースで、頼清徳への市民の支持はますます高まった。

「裏金議長」に勝つ

頼清徳は「公職を冒とくした」という容疑での告発は不起訴となったが、8月4日、国民党の影響力が強い監察院は頼の弾劾決議案を7対2で可決した。民進党のスターとして全国的な注目度が高まる頼に対するスピード決定といえる。「市長や市幹部が議会をボイコットするのは地方自治の歴史上初めての悪例であり、民主主義の中心的価値観に反する重大な違反である」というのが理由だ。

当の頼清徳は議会ボイコットについて「政界における裏金の問題を明らかにし、政治をきれいなものにするための非常時の措置」と説明。そして監察院の弾劾を「名誉勲章」と答えた。これは「名言」と受け止められた。世論は頼市長に同情し、その行動を支持する声が広がっていく。

しかしボイコットが長期化するにつれ、「市長のせいで行政が停滞している」との批判も高まっていた。台南市ではデング熱の流行が広がり、感染者は急速に増加していた。頼清徳は後に語っている。

「ボイコットという決断が成功しなければ、市長を辞任するつもりだった」

ボイコットを始めて半年以上が過ぎた２０１５年７月末、李全教の有力支援者が、議長選挙で李の買収に協力したとして有罪判決を受けた。頼清徳は「その時」が来たと考えた。8月28日、市幹部を率いて議会に入り、「改革は段階的な成果を上げており、ボイコットを終了する」と声明を発した。頼はボイコットを初めて２３２日目、ようやく議会に入場した。そして「裏金と戦った政治家」として全国的な称賛を得るようになった。

頼清徳はこの後、議会選挙での買収事件を防止するため行政院に働き掛け、地方制度法の改正を実現。地方議会の議長・副議長の選挙とリコールには実名投票制が採用された。

２０１６年４月22日、台南地方裁判所は李全教に対し、議長選挙における収賄罪を認定し、懲役４年、公職剥奪５年を言い渡した。裁判は控訴や審理の差し戻しで長期化した末、２０１９年12月、李に対し懲役９月、公職剥奪３年、議員の資格喪失という判決が確定した。

頼清徳の大胆な決断が、議会の不正をただすことになった。

世界の台南

台南市は台湾では最初に開発された街であり、清王朝時代までは政治・経済・文化の中心都市だった。歴史が古く、寺院や廟などの史跡と現代的な都市景観が併存する観光都市は、よく「台湾の京都」と称される。

頼清徳は市長に就任したとき、「台南は台湾の京都ではない。台南は台南だ」と明言した。そして「台南を世界の台南とする」と掲げた。

台南市の独自色を打ち出すため、台南市立美術館の建設と国際級野球場の改修を決めた。台南市立美術館の建設は、頼清徳は選挙の公約に掲げていた。しかしその予算は膨大で、地元文化人も「実現は難しい」と冷ややかだった。中央の国民党政権も資金を拠出するつもりはなかった。しかし不可能と思われた鉄道の地下化工事を可能にしたように、彼は魔術師のような技を繰り出す。市から20億台湾元（約70億円）の予算をひねり出し、台湾美術界・文学界の巨匠・陳輝東に美術館準備委員会の委員長を依頼した。陳は長年、台南市立美術館の設立を提唱していた。

頼清徳は、日本統治時代に台南市警察署だった建物を美術館にすると発表した。日本統治時代の台湾で数々の公共建築物の設計を手がけた石川県出身の梅沢捨次郎の設計だ。台南初の百貨店「ハヤシ百貨店（現・林百貨）」をはじめ、彼が設計した建物は今も多くが文化資産として活用されている。旧警察署の建物をリノベーションし、1号館となるレトロ調の近現代館を設立した。さらに現代館（2号館）は日本の坂茂《ばんしげる》と台湾の建築家・石昭永により、台湾の鳳凰花（ホウオウボクの花）をイメージした斬新なデザインで建設された。卒業シーズンの6月に見ごろを迎える鳳凰花は、台湾では日本の桜のように親しまれている。

２０１８年10月20日、台南市美術館がプレオープン（正式開館は２０１９年1月）し、頼清徳は美術館を持つという台南人の夢を実現した。美術館は台湾で初めて行政法人が運営し、中華圏の古典ではなく台湾の現代美術を中心に展示している。これも頼市長の方針だ。

台南市美術館は台南の文化が集まるランドマークとなっている。近くには国立台湾文学館や孔子廟があり、一帯は有名な観光スポットに発展している。

市長の2期目には台南市立図書館の新しい本館を建設する計画を立ち上げた。２０１５年に建設を始め、２０２１年1月2日にオープンした。民進党副総統となっていた頼清徳は台北市から駆けつけ、後任の黄偉哲市長と並んでテープカットを行った。この本館は従来の図書館の枠組みを打ち破った斬新なものだ。書籍がベルトで搬送・分類され、貸し出しと返却が一体となって簡単にできるようになっている。さらにギャラリーや劇場、カフェがあるほか、吹き抜けの屋外スペースや子どもが走り回れるエリアがあり、家族がゆったり過ごせる居住空間のような機能も併せ持つ。ゴールドの格子状の外観などは図書館とは思えない建築デザイン。インスタ映えするスポットとして、こちらも観光名所となっている。

「ミスター・ベースボール」

幼い頃から野球が大好きだった頼清徳は「台南を野球都市にする」というビジョンを描いた。

現在の台南市立野球場を国際基準に見合った野球場に改修し、国際大会を開催する。そのアイデアは、映画『KANO　1931海の向こうの甲子園』で描かれたように、日本統治時代に若い学生たちが甲子園を夢見て野球に打ち込んだことを台南の高齢者に思い出させた。

台南市立野球場は国際級のスタジアム・アジア太平洋国際野球場に生まれ変わり、世界

頼清徳（左）が応援する台南市のプロ野球チーム・統一ライオンズの陳韻文投手（右）と撮影

2020年、野球のために台南に戻る

水準のアジア太平洋野球トレーニングセンターも整備された。少年野球のための設備も充実し、野球のレベル向上と人材育成を目指した。

頼清徳が小学校高学年のころ、台湾では男

女を問わず野球に夢中となった。10代の頃は真夜中に起きて、テレビで放送される米ペンシルバニア州ウィリアムズポートで行われるリトルリーグ・ワールドシリーズを観たものだ。台南を「野球の街」に発展させたいという彼の目標は、ウィリアムズポートとも密接に関係している。頼清徳はかつて米国を訪れた際、ウィリアムズポートに「聖地巡礼」をしており、台南を野球の街にしようと決意している。「小さな都市であるウィリアムズポートがワールドシリーズを開催しているなら、台南市でも実現できる」と自信を持って語る。

この野球場では、世界野球ソフトボール連盟（ＷＢＳＣ）と中華民国棒球協会による「Ｕ－12ワールドカップ」が行われるようになる。２０２３年７月28日から８月６日まで行われた第７回大会では、アジア、アメリカ大陸、アフリカ、オセアニア、欧州の少年代表チームが熱戦を繰り広げた。公約を果たした頼清徳は「ミスター・ベースボール」と呼ばれ、またニックネームを一つ増やすことになった。

頼市長のプロジェクトはまだまだある。老朽化して治安の問題もあった地下街「中国城」を、ギリシャ神殿を思わせるようなアートな親水公園エリア「河楽広場」として生まれ変わらせた。世界的に有名なオランダの建築家集団が設計し、親子が安心して楽しめる空間になった。１００年の歴史を誇る水道施設跡の「旧台南水道」も、「台南山上花園水道博物館」にリニューアル。台南を「世界の台南」にする頼清徳の目標は次々と具体化していった。

2015年のデング熱流行で視察

デング熱

毎年9月になると、台湾南部の台南市と高雄市はデング熱が流行する。デング熱は蚊に刺されることで感染し、急激な発熱や発疹、頭痛、骨関節痛、嘔吐などの症状が出る。通常は発症後2～7日で解熱する。

２０１５年、台南市ではデング熱の感染が拡大し、２００人が死亡した。この時は頼市長の2期目。議長選挙をめぐる贈収賄容疑で議長の李全教に対抗するため、議会をボイコットしていた。全国的な注目を集めていた分、デング熱を抑制できていないという批判も浴びるようになった。

頼市長はもちろん対策を練っていた。市内各地からのデータを検証し、ホットスポットでの消毒剤の散布、感染者の隔離、市民に予防措置を呼びかけるといった通常の対策は取っていた。感染者数は減少しつつある中、「そもそもデング熱の発生自体を抑止する方法がないか」と市職員らと議論した。

デング熱を拡散する蚊は水中に生息することを好む。頼市長は専門家と協議して調査チームを編成し、発生源となる水源をすみずみまで徹底して見つけることが唯一の対策だと結論付けた。

調査チームは戸別訪問をして発生源を探した。ある住宅では、誰も住んでいない2階のトイレが蚊の幼虫で覆われていた。植木鉢やバケツなども発生源になり得るとして消毒し、空き缶やペットボトルも無造作に捨てないよう市民に呼びかけた。家から家へ、大通りから路地裏まで、植木鉢や草の間までも注意深く調べた結果、患者数は日に日に減少した。一時は5万人に達するとも予想された感染者を、最終的に1万2000人に抑制し、安全境界線とされる1万人未満の基準に近づけた。

また、頼清徳は台南市長時代から、「台湾独立」の主張を表明している。デング熱の対策に追われていた2015年9月30日、市議会で「自分は台湾独立を主張する」と宣言した。これに対し、国民党政権下で台湾政策を担当する行政院大陸委員会（日本の省レベルに相当）の夏立言・主任委員（大臣に相当）は翌10月1日、「中央政府は中華民国憲法の枠組みの下、『統一せず、独立せず、戦わず』という台湾海峡の現状を維持するものだ」と釘を刺している。ただ、頼はこの日も市議会で「台湾は主権の独立した国だ。そして台湾の未来は２３００万人の人々が決めるのだ」と答弁している。

「頼市長、寝ろ！」

台風や水害、地震といった自然災害が多い台湾では、災害時におけるリーダーの指導力が注目される。

２０１６年2月6日午前3時57分、台湾全土を揺るがすマグニチュード７・６の地震が発生した。大地の揺れで目覚めた頼清徳は事態の深刻さを悟り、すぐに着替えて妻が運転する車に飛び乗り、災害救援センターへ急行した。消防署からは「建物が倒壊し、数百人が閉じ込められている」という連絡が入った。16階建てマンション「維冠大楼」全体が横倒しとなり、複数の住民が下敷きになっていた。

歴史上「２０６大地震」と呼ばれることになるこの地震は、この年の春節（旧暦の正月）である2月8日の直前に発生した。

倒壊した維冠大楼の隣に設置された前線指揮所で、頼清徳は8日間にわたり救助作業を指揮した。「1人でも多くの人を救出する。亡くなった方も全員、がれきから発見する」。頼は8日間、同じジャケットを着続けていた。現地の救出活動はテレビで生中継され、ほとんど不眠不休で活動する頼清徳の眼球は充血し、目の下のクマはどんどん濃くなっていた。視聴者やネットユーザーから「どうか休んで」「市長、寝てくれ」という声がわき起こった。

これに対し頼清徳は「私はもともと医師だったので不眠不休の仕事には慣れている。精神的にも肉体的にも問題はない」とコメントし、「車の中で仮眠を取ることもあるので、どうか心配しないでほしい」と語っている。

陣頭指揮の間、頼清徳が履き続けていたスニーカーは底が剥がれ、マスコミはこの靴をクローズアップして撮影した。報道に対して「ボロボロになった靴は、市長の意図的なパフォーマンスじゃないか」という意見もあったが、市長とともに昼夜を問わず働き続けた職員や救急隊員らはそうした邪推を相手にしなかった。

また、頼清徳が「春節前夜の大みそかに夕食を食べるため、前線指揮所を離れてこっそり家に帰った」という情報が流れた。台湾では大みそかの夜は自宅で家族と食事をするのが古くからの習わしだが、この憶測を否定したのは、かつて頼清徳と小選挙区の立法委員予備選挙で戦った王定宇だった。というのは、大みそかの夜、王は頼清徳ともう１人の同僚と前線指揮所近くの屋台で魯肉麺を食べていたからだ。王はたまたま食事中の写真を撮っており、間違った噂の拡散を防ぐため、インターネットに公開した。

2016年台南地震でマンションが倒壊した後、地震救援を指揮

　維冠大楼での犠牲者は１１５人に達した（台南大地震全体の死者は１１７人）。１７５人が救出され、けが人は96人だった。「亡くなった人も含め、全員をがれきから見つける」という方針は実現し、８日目に捜索救助活動は終了した。地震発生直後、台湾全土から40万人による40億台湾元（約１４０億円）の義援金が集まった。マンションの再建を希望する被災住民にこたえ、新たに「出雲居」と名付けた建物が建設された。２０２２年３月の落成式には、副総統となっていた頼清徳もテープ

カットに参加した。

この台南大地震は、台湾と日本の友好を深めることになった。頼清徳は2017年の日本記者クラブの会見で、この時のことを長い時間を割いて振り返っている。

「地震発生当日、当時の安倍晋三首相は直ちに『必要な援助を送る用意がある』というメッセージを台湾に送ってくださいました。そして、もっと驚かされたことには、地震発生の14時間後には日本から予備調査隊が現地に入り、台南が何を必要としているかの調査を行ったということです。予備調査隊の報告にもとづき、日本からは120万ドルの支援と救援物資をいただいたほか、台南市内における給水の支援もしていただきました。

地震でビルが倒壊しましたが、被害が広範囲に及んだわけではなく、他の国からの救援隊の派遣はお断りすることにいたしました。日本政府が積極的に、そして細かな心遣いで、台南の立場に立ち考え、必要としている支援を行ってくださったことに、非常に感動しています」

頼清徳はそう感謝した上で、台南大地震への募金活動を行った日本の地域や組織、台南市へ直接義援金を持ち寄った個人や団体の名前を順番に挙げた。頼が東日本大震災の時に実践した「まさかの友は真の友」を、今度は日本側が見せてくれた。「日本の皆さんの支援を忘れることはありません」。頼は機会あるごとに、そう繰り返している。

半導体ウォーズ

台湾はあらゆる製品に欠かせない「産業のコメ」と言われる先端半導体の生産で、世界シェアの９割を握っている。とりわけ半導体受託製造の世界最大手、台湾積体電路製造（ＴＳＭ

靴が壊れるほど救援活動

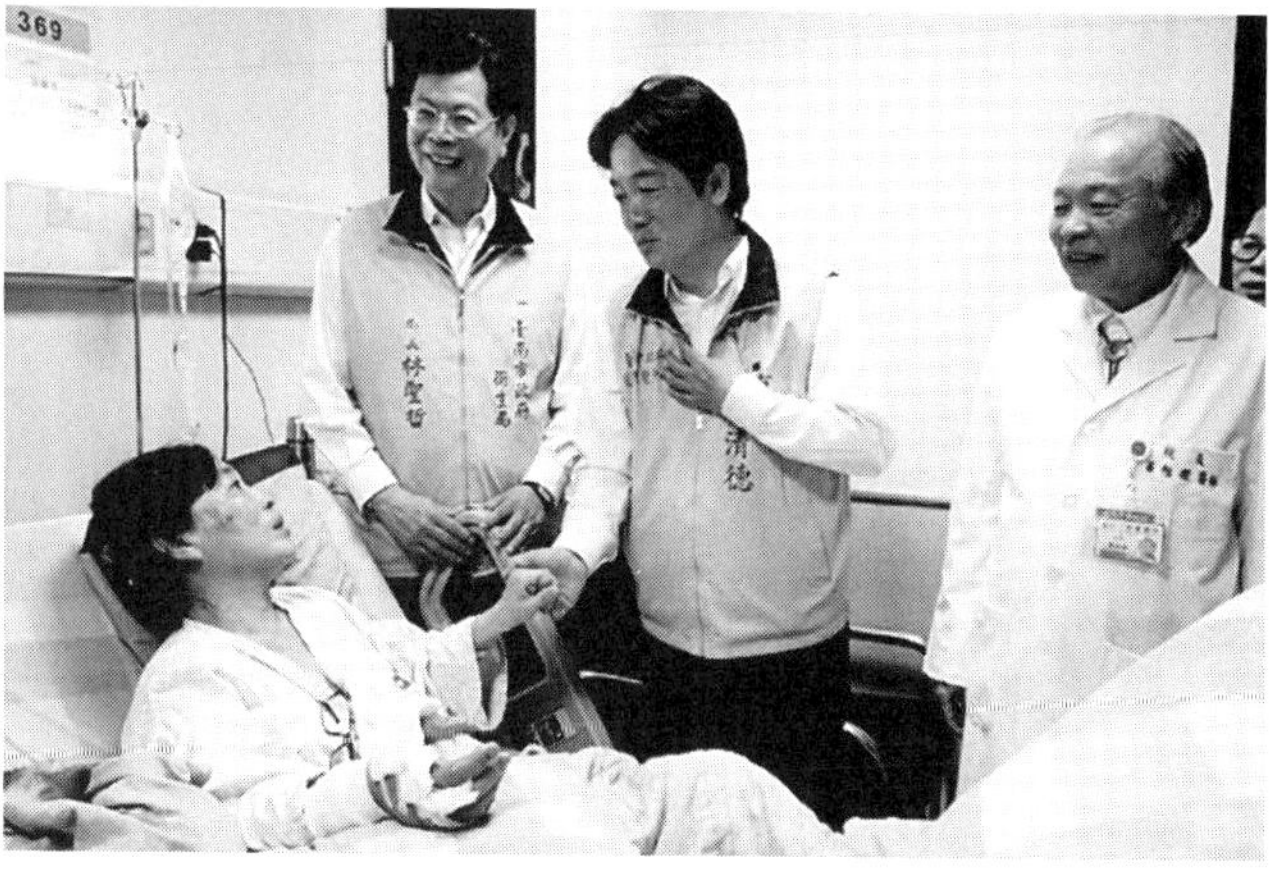

2016年被災者を見舞う

C）は世界のサプライチェーン（供給網）のけん引役だ。１９８７年に台湾で設立され、他の半導体メーカーから生産を受託する「ファウンドリー」と呼ばれるビジネスモデルで成長した。米国のアップルや生成ＡＩで注目を集めるエヌビディアの製品も、ＴＳＭＣの技術が支えている。台湾経済にとってＴＳＭＣは、日本で言えばトヨタ自動車と同等かそれ以上の存在といえる。

台南市では、市内の科学工業園区にＴＳＭＣの回路線幅５ナノメートル（ナノは10億分の1）の半導体製造工場を誘致していた。回路線幅とは、半導体チップに描かれる電子回路の幅のことで、幅が狭くなるほど小さなチップに多くの回路を集積できる。世界の半導体産業は常に「縮小化レース」を続けており、回路線幅の縮小はチップの性能向上と消費電力の削減につながる。

５ナノ工場は１日あたり５万トンの水を必要とする。頼市長は工場誘致のため、率先して台湾最大の給水機構・台湾自来水や中央省庁の水利庁、科技部（現・国家科学及技術委員会）、嘉南農地水利会と協議した。その結果、科学工業園区にある遊水池を埋め立ててＴＳＭＣに譲渡し、さらに別の遊水池を掘削することで給水を確保した。ＴＳＭＣ創業者のモリス・チャンこと張忠謀と頼清徳の間では協力関係が築かれた。

そしてTSMCはさらに、3ナノメートルの製造工場を計画した。3ナノの回路線幅は、量産レベルでは世界最先端の技術だ。

3ナノ工場の誘致には隣の高雄市も名乗りを上げ、TSMCと積極的に交渉していた。高雄市長は「花媽（お母さん）」こと陳菊。政界の先輩で長年の盟友だった彼女が今回ばかりはライバルとなり、両市の競争は熾烈を極めた。さらにTSMCが米国に工場を移すという情報もあり、「3ナノ工場は台湾に残らないのではないか」という噂が半導体業界でささやかれた。

頼清徳の努力は、台南市長を離れてから実ることとなる。彼は2017年に蔡英文総統に請われ、行政院長（首相に相当）に転進する。9月8日に就任後、科技部などの中央省庁の関連部門と協議。「台南市でなく、高雄市でもかまわない。TSMCが台湾にさえ残ってくれればいい」と方策を探った。TSMCが望む用地の取得、水と電気の安定供給、そして周辺の環境保護などクリアすべき課題を検討していった。

頼清徳が行政院長になってから1カ月足らずの9月29日、TSMCは台南市の科学工業園区に3ナノ工場を設立すると発表した。TSMCが「台南市と良好な協力関係にある」ことを理由にあげた。頼は「台湾経済のカンフル剤だ」と喜びの声を上げた。TSMCが台湾にとどまり、さらに頼清徳の地元・台南に工場を建設することに、半導体業界の間では「張忠謀から頼清徳への二重のプレゼントだ」と言われた。

台南の3ナノ工場は2022年12月29日に操業を開始した。TSMCの台南科学工業園区への投資額は1兆8000億台湾元を超え、1万1300人分の雇用を創出している。

第8章

地方から中央、そして予備選

女性総統誕生

頼清徳が台南市長に没頭していた期間、中央政界では大きな変化が起きていた。２０１６年１月、総統選挙で民進党候補の蔡英文が勝利し、台湾史上初の女性総統が誕生した。国民党の馬英九総統が２期８年の任期を満了し、総統選は新人同士の争いとなった。国民党からは馬が後継者に期待していた朱立倫が出馬。頼清徳の高校時代の同級生だ。さらに、かつて国民党から袂を分かった親民党の宋楚瑜も３度目の総統選挙に挑んだ。

馬英九政権は８年間で、中国との関係を深める政策を進めた。直接の通信、通商、通航の解禁という「三通」政策を実施。中国本土と台湾の直行便により、中国から台湾を訪れる観光客は政権当初の２００８年の約30万人から２０１４年には約４００万人に増加した。任期満了が近づいた２０１５年11月には馬英九総統が中国の習近平国家主席とシンガポールで会談し、史上初の中台首脳会談を実現した。両者は「１９９２年合意」に基づく、「一つの中国」の原則を確認した。

「一つの中国」とは、中国と台湾の交流窓口機関が１９９２年、「中国と台湾は不可分である」ことを口頭で合意したという原則を指す。中台は分断以来、それぞれが正統な国家と主張し、相手の主権を認めてこなかった。この原則では相手の存在を認めた上で中台が不可分であることを認めている。ただ、台湾では「中国は一つ（一中）だが、どちらが正統かは双方が解釈（各表）する」という「一中各表」の合意だと説明し、中国は「一中」のみを強調している。また、民進党は「1992年合意」があったこと自体を認めていない。

親中路線を進めた馬英九政権だが、台湾の有権者の多くは必ずしもメリットを感じなかった。中国との経済強化により台湾から中国への工場移転が進み、若者の失業率が悪化。経済格差も進んだ。馬英九政権の党内運営が「独裁的」という批判も起きていた。

蔡英文は選挙戦で「馬英九政権の2期8年で貧富の格差が進み、若者の失業率は悪化した」と批判。対中関係では「現状維持を続ける」と穏健な発言を繰り返した。蔡はこの4年前の選挙で、再選を狙う馬に惜敗している。「台湾は既に主権独立国家」と発言したことが敗因の一つと言われており、今回は「両岸（中台）関係の平和的発展は、みんなの共通の期待だ。挑発的なことはしないと約束する」と安全運転に徹していた。

一方の国民党は選挙前までゴタゴタが続いた。当初は洪秀柱が後任候補となり、蔡英文と女性同士の対決となるはずだった。しかし洪が中台関係について「一中各表（一つの中国、それぞれの解釈）」から踏み込んで「一中同表（一つの中国、解釈も一つ）」と発言。

中国側と同じ主張と受け止められ、党内外の反発を招いた結果、公認を取り消された。そして「今回の総統選には出馬しない」と表明していた54歳の朱立倫が総統選挙の３カ月前にかつぎ出されることになった。国民党の「プリンス」と言われた朱は次の総統選を狙っていたが、次期エースがチームのアクシデントで緊急登板するような形となった。準備不足は否めず、「民進党政権になると対中関係が不安定化し、経済が悪化する」という主張も浸透しなかった。

投票の結果、蔡英文は６８９万票（得票率56・１２％）を獲得。朱立倫は３８１万票（同31・０４％）、宋楚瑜は１５７万票（同12・８４％）にとどまった。蔡は２位の朱に３００万票差をつけて大勝した。

さらに総統選挙と同時に行われた立法委員選挙（定数１１３）で、民進党は40議席から68議席と躍進し、結党以来初めて過半数を制した。国民党は64議席から35議席に激減した。民進党は陳水扁政権の時代は議会で少数与党だったため、政権運営で困難を強いられたが、ついに安定した政権基盤を手に入れることができた。総統当選を果たし、党を大躍進させた蔡英文は「政権交代は台湾の民主主義を世界に示した」と勝利宣言した。

誰も喜ばない週休2日制

ただ、２０１６年５月に蔡英文が総統に就任すると、支持率はすぐに低下した。この年の12月、立法院にて労働基準法改正案が可決し、「一例一休」という厳格な週休２日制が導入された。

台湾の平均労働時間は世界トップクラスの長さが問題となっていた。経済優先の国民党政権は労働時間の短縮に積極的ではなく、公的機関や大企業以外は週休２日制が浸透していなかった。民進党は長時間労働を改善しようと、労基法改正で週１日の「定例休日（一例）」とは別に、新たな「休息日（一休）」を新設した。

法改正により、雇用主が定例休日に出勤を要求できるのは天災や突発的事件が発生した場合に限られる上、雇用主は賃金を2倍払い、別途休みを与える必要がある。休息日も労働者の同意があった場合のみ出勤が可能で、出勤は「残業」扱いとなり、法律に基づいた割り増しの残業代を支払う。時間外労働の上限も月46時間と厳しく制限した。蔡政権は「日本や欧州でも法律上は週休１日。週休2日を盛り込んだ法律は世界でも先進的」と自負した。

だが、企業側は労働者の休日出勤を避けるため雇用を増やすことになり、人件費が増加。

その分、労働者1人あたりの残業代を減らし、製品・サービスの価格にコスト上昇分を上乗せした。労働者は収入減や労働強化の波にさらされ、1人当たりの収入減により小売業界の消費も落ち込んだ。「世界でも先進的」という週休2日制は「企業、労働者、消費者の誰も喜ばない週休2日制」と批判され、民進党支持者が多い若い勤労者が大規模な抗議デモを起こした。

2017年に入ると蔡政権の支持率は30%前後と最低を記録し、行政院長（首相に相当）の林全は9月、責任を取って辞任を表明し、内閣総辞職をする。その後任に白羽の矢が立ったのが頼清徳だった。前年の台南大地震で不眠不休の指揮を執り、評判の高かった頼の起用で支持率アップを狙った。

行政院長として再び中央へ

報道によると、総統の蔡英文は当初、頼清徳に2つのポストを提示し、どちらかを選ぶように求めたという。1つは行政院長、もう1つは国家安全会議の秘書長。いずれのポストも、総統の側近中の側近に与えられるものだ。

首相にあたる行政院長は台南市長の拡大版であり、頼清徳にとっては「政治大学」の大学院で修士号を取り、博士課程に進むようなものだ。一方の国家安全会議は国防、外交、中台関係など主権に関わる課題を担当する。台南市長の頼清徳には無縁の分野のようだが、台南市は空軍基地を有する軍都であり、国防や安全保障の問題には関与している。立法委員（国会議員に相当）の頃から活発に外遊もしている。

頼は立法委員のころ陳水扁政権に入閣を打診され断ったこともある。だが、今回は政権の中核となるポストに要請されている。年齢とキャリアから、総統の座も頭に浮かぶようになった。頼清徳は親しい友人やスタッフと徹底的に話し合い、2つのポストをそれぞれ引き受けた場合のメリットとデメリットを分析した結果、行政院長の座を選ぶことにした。

台南市長に再選して3年近くたち、残りの任期が少ないことから、規定により再選挙の必要はなく、台南市秘書長の李孟諺が市長代理に就任した。李はかつて台南市水利局長を務め、頼市長と水害現場を視察した人物だ。

一方、民進党の内部でも、頼清徳の起用に反対する声もあった。地方の市長からいきなり中央の行政院長になり、内閣を率いる政治的能力があるか。また、有権者の支持率が常に上下し、与野党から圧力を受ける日々が続く消耗の激しいポストを続ける政治的体力があるか。前任の林全は1年4カ月足らずで行政院長を辞任している。地元の台南市でも

「市長の任期が満了する2018年末まで台南にとどまり、次のステップを検討した方がいい」という意見もあった。だが、行政院長就任を支持する多くの人々は、立法委員と台南市長を通じて培ってきた政治的能力と行政の指導力を中央で生かす時だと考えていた。

頼清徳が医学を捨てて政界に入って21年半、ついに行政院長に就任した。

蔡英文と頼清徳は互いの政治人生で大きな接点はなかった。陳水扁政権が誕生した2000年、蔡は中台関係の政策を受け持つ行政院大陸委員会（日本の省レベルに相当）の主任委員（大臣に相当）に就任。頼清徳は立法院の社会福祉・衛生環境委員会に所属していた。その後は一時、同じ立法委員として一緒に仕事をしたことがある程度だ。

蔡英文は頼清徳より3歳年上。蔡は台湾大学で法律を学び、頼は台湾大学と成功大学で医学を学んだ。実業家で資産家の父親のもとで育った蔡は「お嬢様」として育てられ、学生時代はまだ珍しいマイカーで通学していたという。出生直後に父親を亡くし、黒糖を混ぜたお粥を食べ、苦学した頼と対照的だ。家庭環境も政治家としても異なる道を進んできた2人が、タッグを組んで政権を運営していくことになる。

2017年9月8日に行政院長に就任した頼清徳は、さっそく物議を醸した。同月26日、立法院で国民党の委員から「あなたは一貫して台湾独立を主張してきた」と水を向けられると、「私は台湾独立を主張する政治家だ。どんな立場でもそれは変わらない」と明言した。その後の質疑で「私は実務的な台湾独立主義者だ」と言い直したが、マスコミは「立法院で初めて独立を主張した行政院長」と報じ、有権者の間で大いに話題となった。中国共産党機関紙「人民日報」傘下の新聞は「中国は頼氏に国際逮捕状を発行すべきだ」と主張し、強く反発した。

頼清徳は議論を巻き起こしつつ、行政院長としての本来の仕事に取りかかる。まずは、不評だった週休2日制の改善に手を付けた。産業界や与党から労働基準法の再改正を求める声が上がっており、再改正に慎重だった林全前内閣と打って変わって、すぐに見直し方針を表明。蔡英文総統に提言し、11月10日に厳格な週休2日制の条件付き緩和や残業上限時間の見直しなどを盛り込んだ再改正案を閣議決定した。労基法再改正案は2018年1月に可決された。手際の良

2017年9月、新旧行政院長の引継ぎ式

い政治手腕を見せ、滑り出しは好調だったが、思わぬ落とし穴が待ち受けていた。

失言で大炎上

労基法再改正のめどがたった時期の2017年11月24日午前、衛生福利部（厚生労働省に相当）の介護ホットライン設立記者会見に同席した頼清徳は、記者たちから介護職員の報酬引き上げに対する政府の姿勢について質問を受けた。当時の勤労者の平均月給は3万7000台湾元（約13万円）程度だったが、介護職員の給与は3万元（約10万5000円）ほどで長時間・重労働に見合っていないと言われていた。これに対し、頼は「給料が高くなくとも、功徳（善行）を積んでいる」と発言した。

介護職の給料が安いことは政府も認識しており、改善を約束しているので、苦労に見合った給与を実現するまで待って欲しい――。そうした意味の言葉だったが、世間はそうは受け取らなかった。

頼清徳は以前から「功徳」という言葉を使っている。台南市長時代も、企業人との対話で「金もうけでなく、功徳を積んでほしい」と話している。しかし、地方の政治家と市民の間であれば相手の意味をおもんぱかる道徳的な対話は成り立つとしても、巨大な権力を握る行政院長とそれに対峙するマスコミとのやりとりでは、それは通じなかった。

この発言はすぐにメディアで大きく報じられ、午後には労働界や青年団体、大学生から「頼清徳氏の発言は経営側を代弁しており、労働者の苦しみを無視している」と反発が起きた。衛生福利部長（厚生労働相に相当）の陳時中は午後すぐ火消しに走り、頼清徳もただちに謝罪し、本来伝えたかった意味を説明した。行政院報道官は誤解を解くための文書を発表した。

しかし、世論の怒りは収まらなかった。頼清徳はネット上で「頼功徳」というニックネームをつけられ、行政院は「功徳院」と揶揄されるように。頼清徳の政治家としてのキャリアにおいて、彼のイメージが大きく揺るがされた初めての出来事となった。かつて「頼神」と称賛された政治家は、今やマスコミにも「頼功徳」と報じられるようになった。

頼清徳は発言から約１週間後のインタビューで「医者が患者の命を救い、苦しみをやわらげるのと同じように、高齢者や障害者らの世話をする介護職員は、その職業自体が功徳を積んでいる」と答え、「私の発言が物議をかもしてしまったが、私はこれからもやるべき仕事を一つ一つこなしていくだけだ」と話している。台南市長と行政院長の立場の違いを痛感する大きな体験となった。

介護職員の最低月給は3万台湾元から今や4万台湾元（約14万円）に達しており、頼清徳も行政院長から副総統、総統候補へと転身を遂げているが、「功徳」発言はその後も尾を引き続ける。2023年に総統選挙に立候補が決まった時も、シンポジウムで参加者の一人から「功徳発言」を取り上げられ、頼清徳が発言の意味を説明している。

選挙で大敗

頼清徳は就任後、海外企業からの直接投資を促進する「三本の矢」政策を打ち出した。海外から台湾への投資が少ない現状を打破するため、台南市長時代の経験を生かした提案だ。①外国企業の投資審査の簡素化②外資に対する業界をまたいだ経営の開放③外資を国内産業のレベルアップにつなげる――というものだ。

頼清徳は行政運営においても市長時代と同じ「現場主義」を貫いた。自ら足を運び、実情を把握するというのが彼の政治信条だ。全国9市、13県すべての自治体に行政チームを率いて訪れ、週末や休日には県市の当局と協議をした。2018年10月に宜蘭県で特急列車事故が発生すると、蔡英文や頼清徳は相次いで現地入りする。死者は18人、重傷者は187人に達し、頼は現場で遺族と話し、涙を流して寄り添おうとした。

頼清徳が行政院長に就任後、「功徳」騒動はあったものの、政権支持率は50％を超えるようになった。林全内閣時代の低支持率から回復させたのだが、２０１８年末の地方統一選挙で民進党は惨敗を喫した。最も深刻なのは、長らく民進党の牙城だった高雄市の市長選で、国民党候補の韓国瑜に敗れたことだった。謝長廷が８年間、陳菊が12年間、合わせて20年間、民進党の市長が続いていた。

韓国瑜はエリート層や民主活動家出身が多い台湾の従来の政治家と異なり、経済格差の拡大に対する庶民層の不満を巧みな演説で煽り、一気に人気を広げた。ポピュリズム（大衆迎合主義）の手法で、彼の姓と韓国エンタメ人気を重ねた「韓流」と呼ばれるブームを呼んだ。

総統選挙で民進党が勝てば、地方統一選挙では国民党が勝つ。「独立」や「統一」といった両極端の路線を嫌う台湾の民意は、振り子のように揺れながらバランスを取るのが特徴だ。それにしてもこの大敗は痛かった。蔡英文は総統と兼務していた民進党主席（党首）を辞任する。そして頼清徳も「政治的責任を取る」として行政院長の辞任を決めた。

蔡英文は彼を慰留した。大敗の理由は頼清徳が行政院長に就任する前の２０１６年、蔡英文が断行した年金改革の影響が大きいからだ。「軍公教」と呼ばれる軍人、公務員、教員は民間勤労者や農民と比べて多額の年金を受け取っている。ここに大ナタを振るい、軍公教の年金を削減した。その反発はすさまじかった。収入が減った人々とその家族は民進党を「盗賊」と呼び、「軍公教」の中にいた民進党支持者も怒りに震えた。また、厳格な週休2日制の導入により、経営者も労働者も反発した影響が残っている。頼は行政院長に就任後、週休2日制を現実に沿って緩和することを実現しており、むしろ功績の方が大きい。

頼清徳の支持率は50%を維持しており、統一地方選で大敗した要因となった政策にも直接関与していない。頼に大敗の責任を問う声もあったが、辞任を求めてはいない。それでも彼は2019年1月14日に行政院長を辞任した。

行政院長に就任した時、彼は1人で高速鉄道に乗って台南から台北へ北上した。1年4カ月後、行政院長を辞職して台南に戻る日、台南の人々は元市長を迎えるためにバスをチャーターして台北に駆けつけた。4時間の道のりで台南の自宅に戻ると、玄関先の通りには大勢の人たちが出迎えてくれた。

台南に戻り、頼清徳は今後どうするのか注目されていた。

民進党はどん底に陥っており、2020年の総統選挙で蔡英文が再選するかも危ぶまれた。

頼清徳は1か月以上、活動を休止していたが、地元の立法委員補欠選挙が行われた時はいつもの黒地のスーツを着て民進党候補の選挙運動を支えた。彼は行動を通じて民進党への忠誠心と愛情を表現した。そして、誰もが驚く決断をする。

中国からの思わぬ「援護射撃」

2018年末の統一地方選挙に大敗して民進党主席（党首）を辞任していた蔡英文に対して、民進党の長老たちから、さらなる「辞めろ」コールが起きる。「台湾独立四天王」の1人といわれる呉澧培、初の直接投票となった1996年の総統選挙で民進党候補となった彭明敏、台湾最大のキリスト教派・台湾基督長老教会牧師で長く民主化運動に身を投じた高俊明（かつて頼清徳も参加したハンガーストライキのメンバー）、台湾出身者の初のノーベル賞（化学賞）受賞者で中央研究院長の李遠哲ら、そうそうたるメンバーが2019年1月3日付の新聞広告で「蔡英文は2020年の総統選に出馬せず、第二線に退くべきだ」と訴えた。

もともと民進党は、「大陸反攻・中国統一」を目指す国民党に対し、台湾だけの独立国を目指す闘士たちが弾圧を受けながら結成した党だ。老戦士たちからすれば、せっかく政権を取ったのに蔡英文は独立の姿勢を鮮明にしようとしない。長老たちは彼女の「玉虫色」路線が地方統一選挙の敗因と考えた。実際、蔡の支持率は大きく低下していた。

だが、党内外から「ダメ出し」されていた蔡英文は、図らずも中国の習近平国家主席から「援護射撃」を受けることになる。

習近平は1月2日、「祖国統一は必須であり必然だ」と主張し、自身の任期中に台湾統一を目指すとして、五項目からなる方針を発表した。「習五条」と呼ばれるこの方針では、香港やマカオのような一国二制度による統一を台湾に呼びかけ、「両岸（中台）の双方が一つの中国に属することは法的事実であり、いかなる人物や勢力によっても変えることはできない」と強調。さらに統一を実現する手段として「武力行使を放棄しない」と明言した。

蔡英文はその日のうちに談話を発表し、一国二制度について「台湾は絶対に受け入れない」と拒否した。中国との平和的で対等な対話は望んでいるとしつつ、「圧力や威嚇を用いて台湾人民を屈服させる企てであってはならない」と述べ、「習五条」を断固としてはねつける姿勢を見せた。

これは、蔡英文を「玉虫色」とみていた民進党支持層の不信感を一掃し、支持率を上げるきっかけとなった。また、蔡が「習五条」に毅然と反論した翌日に民進党長老たちの「辞めろ」広告が掲載されたことで、蔡への同情が一気に高まった。有権者は民進党長老たちの言動がむしろ「中国に味方している」と反発した。

衝撃の造反とルール変更

それから2カ月余りの3月17日夜、民進党を揺るがす衝撃のニュースが流れた。行政院長を辞職して間もない頼清徳が、翌２０２０年1月の総統選に出馬する意思を固め、民進党内の予備選に参加するというのだ。

現職の蔡英文総統は既に再選出馬を表明済みで、党として一丸となって戦う準備を進めていた。突然のニュースに党内では「民進党に爆弾が落ちる」「現職優先ルールがあるはずでは」と動揺が広がった。

3月18日朝、頼清徳は台南市から高速鉄道に乗って台北市へ向かった。そして民進党中央委員会に予備選への届け出をした。報道陣の取材に「台湾は中国から一国二制度を受け入れるよう、じわじわと迫られている。民進党が次の総統選や立法委員選で負ければ、台湾の主権と民主主義は危機に陥る」と述べた。

蔡英文総統の支持率は長期低迷しており、このままでは来年の総統選挙も立法委員選挙も敗れる恐れがある。国民党からは全土で人気の「韓流」こと韓国瑜・高雄市長の総統選挙出馬が取り沙汰されている。

さらに「台風の目」となっている無党派の柯文哲・台北市長も出馬する可能性がささやかれた。柯は頼清徳と同じ1959年生まれ。頼が入学できなかった国立台湾大学医学部を卒業して外科医となり、台湾大学病院の教授を務めた。歯に衣を着せない言動で人気を集め、「柯P」の愛称で市民に親しまれていた（Pは Professor＝教授の頭文字）。無所属で出馬した台北市長選挙には民進党の支援を受けて当選したが、民進党と国民党の二大政党に飽き足らない有権者の支持を集めて、第三勢力として自立して総統選に打って出るという見方があった（柯は結局、2020年総統選挙には出馬せず、民衆党を結成して2024年総統選挙に立候補する）。

台湾で常に行われている各種世論調査では、頼清徳の支持率が蔡英文より高い。自分が名乗りを上げれば、民進党の政権を維持する確率は高まる。「造反」と言われようと、党のため、台湾の民主主義を守ることが必要だ——。頼清徳の決断には、そうした考えが

2019年3月18日、民進党の2020年総統選予備選への届け出

あったとみられる。人のために自分を投げ出すことこそ、彼の変わらぬ信条だ。

とはいえ、その決断は当然のごとく現職総統に反旗を翻す行動と映り、各界から反発があり、党内でも議論が交わされた。

当時の党の規約では、予備選挙に挑戦者が出た場合に現職を優先するかどうかは明記されていない。当初の予定では3月18日から22日までが予備選挙の届け出期間で、公開討論会などを経て、4月10日から12日にかけて電話による世論調査を実施して、勝敗を決める手順だった。

頼清徳は蔡英文総統に、予備選への出馬を事前に知らせていたという。その時の彼女の心理は「穏やかなものではなかった」と側近は語る。

民進党中央執行委員会はルールの変更を図った。まず世論調査などの予備選の手続きを5月に延期し、さらに6月に再度延期した。実力者同士の一騎打ちにより党内が分裂するのを避けるため、頼清徳が予備選挙から降りるよう説得する期間を設けた。また、蔡英文陣営からすれば、劣勢を立て直す時間稼ぎにもなった。和戦両様、どちらにしても頼にメリットはなかった。

さらに通常は固定電話を対象にしている世論調査のルールも変更し、50%は携帯電話を対象にすることとなった。蔡英文は若者層の支持が強い。携帯電話にかければ若者の回答が増えるという狙いだ。

党の重鎮たちは次々と頼清徳に予備選挙出馬を取り下げるよう説得した。長年の盟友である陳菊も明確に反対した。「政権体制上、現総統に対し党内から予備選挙の挑戦者が出るのは不適切だった」。いつものことだが、それでも頼の決意は揺るがなかった。民進党の長老たちからは頼の挑戦を支持する声も上がっていた。

「激辛娘」対「独立運動のプリンス」

民進党の総統候補予備選挙は、世間から「辣台妹」と「台独金孫」（独立運動のプリンス）の対決と注目された。

2019年6月民進党予備選、土砂降りの雨の中、街頭掃討作戦

「辣台妹」とは蔡英文のことを指す。武力行使もちらつかせて統一を迫った習近平に対し、彼女は即座に「台湾は絶対に受け入れない」と表明した。その毅然とした態度から「辣台妹」と呼ばれるようになる。「辣」は「辛い」という意味だが、この場合は「辛辣」「塩対応」というニュアンス。「台」は台湾、「妹」は若い女性という意味。意訳すれば、中国の威圧的な要求をピシャリとした拒否した「キッツい台湾ガール」「激辛台湾女子」という感じだ。そのネーミングは、人気ヒップホップグループ「頑童ＭＪ１１６」のヒット曲『辣台妹』が由来でもあ

る。

一方、「台独金孫」は当然のごとく、頼清徳を指す。「台湾独立勢力の大切な孫」という意味だ。弾圧を受けながら台湾独立実現のため生涯を捧げてきた民進党の長老たちからすれば、「私は実務的な台湾独立派だ」と明言している頼は「大切な孫」となる。頼自身は「台独金孫」というレッテルは「自分の政治スタンスとは異なる」と繰り返し否定しているが、老戦士からすれば「可愛い孫」に変わりはない。現役の党幹部の大半が蔡を支持する一方、一線を退きつつも影響力を残す長老たちは頼を推した。

公開討論会や政治番組の討論などで蔡・頼両陣営のアピール合戦が激化する中、2人は台湾高速鉄道会長などを務めた実業家・殷琪の自宅で極秘会談をしている。予備選の結果がどのようになっても、総統選勝利に向けて互いが協力する「暗黙の契約」が成立したという。

頼清徳の「造反」はある意味、蔡英文の潜在能力を解き放った。6月13日に予備選の世論調査が発表され、蔡英文の支持率は35・67％で、支持率27・48％の頼清徳を破った。3カ月にわたる波瀾万丈のドラマが幕を閉じた。「予備選挙が予定通り4月に行われていれば、頼清徳が勝利した確率が高かった」。世間はそう見ていたが、頼は敗北が確定すると結果を引きずることなく、すぐに「黙契」の通り勝利した蔡への支持を表明した。

次の注目は、蔡英文が副総統候補に誰を選ぶかとなった。総統選挙は副総統候補とペアで戦うからだ。党内の少なくない有力者が「造反した頼清徳だけは副総統にしてはならない」と蔡に直言したが、彼女は笑みを浮かべて何も答えなかったという。

蔡英文は当時、副総統候補について陳菊ら党内の実力者と非公式に話し合っていた。陳菊は「現状では頼清徳が最良の副総統候補者だ」と語ったという。そして蔡は、その通りの選択をする。

第9章

副総統から党主席、総統選へ

副元首の悲哀

有権者が国家元首を直接投票で選ぶ国家では、その代理たる副元首の地位を巡って、苦笑するジョークや自虐的なエピソードがつきまとう。

米国で1933年から1941年までフランクリン・ルーズベルト大統領のもとで副大統領を務めたジョン・ナンス・ガーナーが「副大統領など、たんつぼほどの価値もない」と語ったことは知られている。他の副大統領も「自分の仕事は毎日、オフィスの壁時計を眺めること」であり、「仕事を待つのが仕事」だったと自嘲気味に語っている。さらには、副大統領の最大の仕事は口にしづらいことだが、「(不測の事態で)大統領の席が空くのを待つこと」と言えるかもしれない。

それに比べれば台湾の副総統は、直接投票以前の時代から一定の存在感はあったと言える。実際に総統の「不測の事態」により、2人も副総統から総統に昇格しているからだ。

中華民国が中国大陸を支配下に置いていた時代、初代総統は蔣介石が就任した。第2次世界大戦終戦後に始まった共産党との内戦で国民党が劣勢になると、蔣は1949年、責任を取って総統を辞任。副総統だった李宗仁が総統代理となる。だが、共産党の攻勢で中華民国の首都南京が陥落すると、李は香港から米国に亡命する。

国民党政権が台湾へ敗走した後、蔣介石は１９５０年に台北で総統復帰を宣言。形式上の再選を繰り返しながら１９７５年に任期途中で死去すると、中華民国の憲法の規定に従い、副総統だった厳家淦が第２代総統に就任した。蔣介石の息子で国民党主席だった蔣経国が実際は政治・軍事の実権を握っていたが、厳は親子間の政権移行期における「門番」のような役割を果たし、１９７８年５月の任期終了まで務めあげた。

蔣経国は厳家淦の後に第３代総統に就任する。農業・軽工業中心の台湾経済を重工業中心に切り替える政策を推進するとともに、台湾出身の「本省人」の若者世代を積極的に登用した。独裁政権を維持しつつ、台湾で多数派である本省人に親しまれるリーダーの座を築こうとしていた。

当時、台湾では民主化運動が芽生えており、「党外」と呼ばれる国民党以外の幅広い民主化勢力が立法院や国民大会で議席の確保を強く要求していた。中国大陸出身の「外省人」が中心の国民党政権は「台湾人をもって台湾人を統治する」として、本省人初の副総統として謝東閔を選出した。ただ、謝は民主化勢力からは「裏切り者」とみなされる。１９７６年10月10日の双十節（中華民国の建国記念日）には、自宅に爆弾を仕込んだ小包が届けられて爆発して左腕を失い、その後は義手を付けることを余儀なくされる。

蒋経国は本省人登用政策を続け、副総統にはその後も台湾出身者を選んだ。副総統は「操り人形」に過ぎないとは言え、そのポストを争ってつかもうとする人々もいた。蒋は総統就任時から健康状態が不安定で、持病の糖尿病も悪化しており、不測の事態があれば副総統が後継者に選ばれる可能性があったからだ。そして数々の政治家が候補者として名前があがる中、選ばれたのが本省人の一人、李登輝だった。

李登輝は若いときに共産主義に傾倒していたとされ、台湾独立の意識も強いと知られている。国民党政権の中には蒋経国の選択を疑う者が少なからずいて、こんなジョークも流れた。蒋が重病ではっきりと物を言うことができなくなる中、取り巻きから「次の副総統は誰にすべきですか?」と問われた。蒋はトイレに行きたくなり、「你等会（ニードンホイ）＝きみ、ちょっと待ってくれるかい」と言ったつもりが、「李登輝（リードンホイ）」になってしまったと——。

実際のところ、蒋経国は李登輝を「忠実で能力が高い」と評価していた。京都帝国大学や米アイオワ州立大学などで農業経済学を学んだ李は優秀な官僚として知られ、農政問題のエキスパートとして蒋の目にとまる。蒋が行政院長（首相に相当）の時、49歳の李登輝を大臣に当たる政務委員に登用。当時最年少での入閣であった。李は農業担当の政務委員として活動した。その後、台北市長、台湾省主席に任命される。一貫して派閥に属さず、権力闘争にも無縁で、忠実な部下に徹した。

蒋経国はたびたび、「アポなし」で李登輝の自宅を訪れた。これは李とその家族、特に妻の曽文恵がぜいたくな生活を送っていないか検分するためだったといわれている。こうしたテストを受けながら、李は常に蒋に敬意を抱いて謙虚な態度を取り、副総統の座をつかんだのだ。

蒋経国の健康状態は日に日に悪化していたが、総統任期が満了する前の１９８８年１月に病死するとは予想外だった。そして副総統の李登輝が第４代総統に就任した。本省人初の総統が誕生したのだ。国民党内には保守的な重鎮政治家が多く、李の政権基盤は不確かなものだった。李は「彼らは台湾人の私を総統として認めないだろう」とも語っているが、絶妙なバランスを取りながら総統選挙の直接投票などの「静かなる革命」を実現していく。

頼清徳、「相棒」になる

時代は移り、２０１６年の総統選挙で当選が有力視されていた民進党候補の蔡英文は、副総統候補に陳建仁を指名した。これまでも説明しているが総統選挙が直接投票になって以降、総統候補と副総統候補はペアを組んで投票を受ける。総統候補が誰を副総統候補に選ぶか有権者の関心は高く、投票行動にも少なからぬ影響を与える。

陳建仁は民進党員ではない。公共衛生学の専門家で、陳水扁政権下の2003〜2005年に行政院衛生署（現・衛生福利部の前身）の署長（大臣に相当）を務め、重症急性呼吸器症候群（SARS）流行の際には強いリーダーシップで感染拡大防止に尽力した。台湾の最高学術研究機関・中央研究院副院長だったところ、副総統候補に指名された。熱心なカトリック信者としても知られ、バチカンから「騎士」の称号も受けている。公衆衛生分野における活躍と、温厚な性格から台湾では「大仁哥（仁兄さん）」と親しまれている。蔡英文・陳建仁のペアは、得票率を上げる効果をもたらした。

政権誕生後、蔡英文は陳建仁に年金改革の任務を担当させた。国民党が独裁時代に接収した国有資産の返還を求める「党産条例」の制定や、国民党が民衆を弾圧した2・28事件の真相解明、独裁時代に弾圧された市民の名誉回復など多くの改革に携わり、陳は「史上最も積極的な副国家元首」と言われるほど奮闘した。

2期目の総統選挙を迎えるにあたり、蔡英文は2019年11月、次の副総統候補に頼清徳を指名した。総統は2期8年までと憲法に規定されており、蔡は再選しても4年後には

2020年5月20日、第15代総統の蔡英文と副総統の頼清徳が就任宣誓を行った

総統の座を降りる。その次に頼清徳が総統候補になることを含めた指名と周囲は受け止めた。

折しもこの時期は香港の民主化運動が中国政府に弾圧されており、アジアにおける民主主義が空前の脅威にさらされていた。「今日の香港は明日の台湾」という不安が広まる中、蔡英文と頼清徳の「相棒」は全国各地をくまなく巡り、「台湾の民主主義を守る」と訴えた。そして翌年の選挙で、蔡・頼のペアは史上最高の817万票（得票率57・13％）を獲得して勝利。立法委員（国会議員に相当）選挙でも民進党は過半数を維持した。

この時、国民党候補はポピュリズム（大衆迎合主義）的手法で「韓流」ブームを起こした高雄市長・韓国瑜だった。「庶民派総統になる」と宣言し、初期の世論調査では蔡英文を上回っていたが、香港情勢により中国融和派の国民党は不利な状況となった。さらに高雄市長を継続したまま総統選に立候補することに「市長の仕事を投げ出している」と批判が高まり、韓本人や家族を巡る不正疑惑も噴出。「韓流」ブームは失速し、総統選挙では552万票（得票率38・61％）と大敗した。また、韓よりも前の世代で政治パフォーマンスにより大衆的人気を集めていた親民党の宋楚瑜は78歳にして4度目の総統選挙に挑んだが、60万票（得票率4・26％）にとどまった。

公民投票で勝利

蔡政権2期目は2020年のスタートと同時に、新型コロナウイルスの流行に直面した。ハーバード大で公衆衛生の修士号を取得している頼清徳は感染拡大予防チームに参画し、医学的見地からの助言と情報発信に努めた。SARS対応で活躍した陳建仁・前副総統とともに新型コロナウイルスの封じ込めに貢献。この年の6月、蔡英文の支持率は過去最高の71・2％に達した。

2021年末には、民進党と国民党の主張が正面からぶつかる形となる4つの住民投票が行われた。公民投票はいずれも野党・国民党が中心になって請求した。

かつて公民投票と言えば、民進党が進めたい政策に沿った案件が請求され、国民党は有権者に投票しないよう呼びかけていた。有権者の50％以上の投票がなければ、投票結果にかかわらず不成立となる「鳥かご公民投票」だったためだ。蔡英文政権が誕生して議会も民進党が多数派になると、公民投票法を改正して成立の条件を大幅に緩和した。すると今度は国民党が民進党政権を追い込むため、公民投票を利用した。

投票で問われたのは、「成長促進剤ラクトパミンを飼料に使った米国産豚肉の輸入を制限するか」「凍結した第４原発の建設を再開するか」「天然ガス発電関連施設の建設予定地を変更するか」「住民投票と大型選挙を同日実施に戻すか」の４点。豚肉の輸入制限は市民の安全を考慮した問題提起のように見えるが、米国産豚肉の輸入を止めることで、民進党が頼りにする米国との関係にくさびを打つ狙いがあった。このようにそれぞれの請求には国民党の党利党略が込められていた。公民投票は18歳以上の住民が投票し、結果は法的拘束力があり、政権は２年間、民意に反する政策は実施できなくなる。

４大住民投票を巡り、蔡総統は頼清徳に台湾全土を回る「演説ツアー」を指示した。大衆との対話や演説を得意とする頼にとって、うってつけの任務だ。久しぶりの表舞台で、中国語以外に台湾語や漢族少数派の客家語を用いた演説は各地で人気を博した。

民進党は4テーマすべての「反対」を呼びかけ、国民党は「賛成」を求めた。いずれも支持者に動員をかけ、党を挙げての激しい集票活動が続いた結果、投票はすべて「反対」がわずかに上回った。得票率では最も差がついた原発の建設再開ですら「反対」が52・84％、「賛成」が47・16％。最も僅差だったのは大型選挙と住民投票の同日実施で、「反対」が51・63％、「賛成」が48・96％だった。薄氷の「勝利」だが、すべてにおいて勝利した意義は大きかった。

外遊で歴史的成果

頼清徳は安全保障に関する情報収集や政策決定を行う国家安全会議に出席し、総統の特使として積極的に外遊した。国防と外交は総統の職務であり、「その時」に備えた任務でもあった。

蔡英文総統は2022年1月、台湾と国交のある中米ホンジュラスのカストロ大統領就任式に頼清徳を派遣した。2016年に蔡英文政権が発足して以降、中国は台湾と外交関係にある国を切り崩すため巨額の経済支援を約束する「チャイナマネー」攻勢を始めた。

この時点で台湾と外交関係がある国のうち8カ国が台湾と断交して中国と国交を結び、台湾と外交関係を持つ国はホンジュラスなど14カ国のみとなった。また、2020年からはコロナ禍の影響もあり、なかなか外遊が実現できずにいた。この数少ない外遊の機会を、蔡は頼清徳に提供した。

頼清徳はホンジュラスに向かう往路で米ロサンゼルスに立ち寄り、連邦議員らとオンライン会談を行った。さらにホンジュラスの大統領就任式会場で米国のカマラ・ハリス副大統領と言葉を交わした。台湾メディアによると、台湾と米国は1979年の断交以来、公式の場で首脳級の接触はなかったという。台湾の存在感を国際社会にアピールしたことで、台湾メディアはこれを「外交上の大きな突破」と報じた。

第2章で触れた通り、頼清徳は2022年7月には日本を電撃訪問し、凶弾に倒れた安倍晋三元首相の都内の自宅を訪れ、葬儀に参加した。日本と台湾が1972年に断交して以来、訪日した政府要人としては1985年の李登輝副総統（当時）と並んで最高位となる。2023年8月には南米で唯一国交があるパラグアイを訪れ、ペニャ大統領の就任式に出席。行き帰りには米国のニューヨークとサンフランシスコを経由した。中国政府はこれに強く反発し、台湾周辺で軍事演習を実施した。さらに、台湾産マンゴーから「害虫が検出された」として輸入の停止を発表。頼の訪米への報復措置であることは明らかだった。

党主席へ

しかし好事魔多し、蔡英文政権はまた「鬼門」にぶち当たる。

2022年11月、4年に1度の統一地方選挙が行われた。総統選挙、立法委員選挙、そして4大公民投票と「連勝」を続ける民進党に対して民意の揺り戻しが起きたように、22ある県市の首長選のうち民進党候補が勝利したのは5つにとどまった。国民党に大敗した2018年選挙よりさらに1減した。一方の国民党は13ポストを獲得。合計で台湾の人口の約7割を占める6直轄市では、国民党が台北市、新北市、桃園市、台中市の4市で勝利し、民進党は固い地盤の台湾南部で台南市と高雄市を抑えるにとどまった。国民党は「民進党に投票すれば、若者が戦場に行くことになる」というネガティブキャンペーンも展開していた。

蔡英文総統は大敗の責任を取って民進党主席（党首）の辞任を表明する。蔡は4年前も統一地方選挙敗北の責任を取って主席の辞任しており、2020年の総統再選の際に主席に復帰していた。8年の総統任期中、2度にわたり主席を辞任する羽目になった。

暗く悲観的なムードの中で、頼清徳は党再生の唯一の希望となった。蔡英文の党主席辞任は、頼に後継を託すメッセージだと多くの人が受け止めた。

２０２２年12月16日、頼清徳は党主席選挙に立候補を届け出た。約３年前の総統選予備選の「造反劇」と異なり、今回は党内から請われての出馬と言える。他に立候補の届け出がなく、翌２０２３年１月18日に党主席に就任した。

３月には党主席としての「デビュー戦」となる南投県の立法委員会補欠選挙が行われた。民進党と国民党の候補の決戦は「血戦」と言われ、全国的な注目を集めた。そして民進党候補は事前の予想を覆し、国民党の有力政治家を破った。激戦を制したことで、民進党内部では「党内の雰囲気が変わった」と喜びの声が上がった。頼は党内で指導力を確立したと評価され、彼が総統候補になる資格があることを証明した。


台湾で総統選を目指す候補は、有識者を集めて政権構想を考えるシンクタンクを設立することが多い。例えば、蔡英文は２０１６年１月の総統選敗北後、再起に向けて８月にシンクタンク「小英教育基金会」を設立。愛称の「小英（英ちゃん）」を冠した。研究者や行政経験者を集めて経済・福祉政策を構想し、台湾各地の農家や零細企業と交流し、有権者との距離を縮め、2020年総統選挙での勝利を呼び込んだ。

ただしこうしたシンクタンクの設立・運営にはそれなりの出費が伴う。また、頼清徳は副総統という立場上、蔡英文総統への配慮も必要であり、総統への意欲をあからさまにするようなシンクタンク設立は上策ではない。そこで彼は規模も控えめにして、専門家や学者を招き、国家の主要問題について話し合う「読書会」を設立することにした。

読書会は副総統の職務が終わった後、台北市仁愛路にある副総統官邸で開かれた。経済界や学術界の友人8人と週1回集まり、天下国家について論じ合った。一人一人が文化・教育、外交・国防、財政、金融、環境、エネルギー、科学技術、時事問題の専門家だった。頼は熱心な議論を交わし、諸課題で構想を練り上げ、総統への道を歩み進めることになる。

第10章　頼清徳は何を目指すのか

民進党のエースがマウンドに

上空へ向けられた噴射機から、紙吹雪が勢いよく飛び上がる。視界がさえぎられるほどキラキラした花吹雪が舞う中、司会者がスポーツ中継の実況のように絶叫する。「新総統のもと、私たちはこれからも民主の道を歩んでいきます！　好不好（ハオプーハオ）」。会場の一人一人が高揚した表情で「好（ハオ）！」と賛同の声を上げる。

２０２４年1月13日夜、台北市の民進党本部前はロックコンサートのフィナーレを迎えたかのような熱狂に包まれた。

ステージ上には、民進党のシンボルカラー・緑のウインドブレーカーを着た人々。その中央に、総統選に勝利した頼清徳と、ペアで副総統に決まった蕭美琴がいる。

「私たちは民主主義を守りました！」

この日が来るのを信じていた支持者たちに、頼は力強く声を張り上げた。

「台湾加油（チャーヨー＝がんばれ）！」「民進党加油！」

ステージ上の頼、蕭たちと会場の支持者らが一斉に拳を振り上げる。

「頼清徳、凍蒜（当選）！」「蕭美琴、凍蒜（当選）！」

さらにペアで当選を果たした2人をたたえるコールが起きる。「凍蒜（ドンスワン）」とは直訳すれば「凍ったニンニク」だが、「当選」の台湾語の発音（ドンスワン）とほぼ同じ。発音の抑揚がより力強く聞こえるため、当選が決まった時に「凍蒜！」と叫ぶのが「お約束」であり、当選した陣営だけが叫ぶことができる特権だ。

同じ夜、総統選挙で敗れた国民党候補の侯友宜と民衆党候補の柯文哲はそれぞれ支持者の前で頭を下げ、敗戦の弁を述べていた。

同一政党が政権を続けるのは2期8年止まりという「3期目の壁」、いずれも当選の可能がある有力候補者が3人出馬した「三つどもえの壁」、そしてさまざまな手口で介入を続ける「中国の壁」……。頼清徳は支持者らと共に、困難な壁を突き破った。

中央・地方政界で経験を積み、着実に声望を高めてきた民進党のエースが、ついに総統としてマウンドに上がることになった。そして総統に就任する5月20日までに、既に多くの課題が待ち受けている。

少数与党の難しい政権運営

総統選挙と同時に行われた立法委員（国会議員に相当、定数113）選挙で、民進党は61議席から51議席に減少し、過半数を割った。立法院（国会）で常に過半数の議席を維持していた蔡英文政権のような安定した政権運営は難しくなる。

野党第1党の国民党は38議席から52議席に躍進し、民進党を上回った。野党第2党の民衆党は5議席から8議席を獲得。民衆党がどちらかと組めば過半数に達する絶妙な構成だ。ただ、キャスティングボートを握ることになった民衆党主席（党首）の柯文哲は一筋縄でいかない政治家だ。13日夜、選挙後の記者会見で「総統選挙には敗れたが、議席を増やすことができた。どの党とでもテーマによって連携する」と述べている。両党の譲歩を誘い、有利な立場での連携を探る腹づもりだ。

懸念は早くも現実となった。2月1日、新たな会期が始まった立法院で、院長（議長）に最大野党・国民党の韓国瑜が選ばれた。

国民党、民進党、民衆党はそれぞれ院長候補を出し、1回目の投票ではいずれも当選に必要な過半数の票を得られなかった。国民党と民進党両候補の上位2人の決選投票となり、民衆党が棄権する中、国民党の韓国瑜が54票を獲得して院長に選ばれた。民衆党は当選見込みのない候補を擁立した上で、決選投票は棄権して事実上、国民党を支持した。

民進党は多数派工作で民衆党を取り込もうとしたが失敗した。民衆党は、頼清徳が厳しい政権運営を迫られる構図を意図的に作り出したとも、政権が民衆党にすり寄らざるを得ない状況を狙ったともいわれる。

立法院の院長は法案審議などで賛否が同数の場合に議決権を持つ。総統は米国大統領のように議会が通した法案に拒否権を発動する権限はない。かつて「韓流」ブームを巻き起こした韓国瑜は、中国に融和的な国民党の中でも特に親中派で知られる。高雄市長だった２０１９年には、中国が統制を強める香港で中国政府の出先機関を訪問し、物議を醸している。

国民党は予算案で防衛費のスリム化を求めることが予想される。民進党にとっては陳水扁政権の時に米国からの武器購入予算案が69回否決され、断念した苦い過去が思い出される。防衛予算が野党に阻まれた場合、米国と台湾の安全保障の連携は停滞する恐れがある。民衆党は重要法案を巡るたびに、自らの値をつり上げるような対応が予想される。頼清徳は難しい政権運営を強いられることになる。

経済格差という課題

蔡英文政権の8年間で台湾の電子部品製造業は世界が関心を寄せる存在となった。半導体受託製造で世界最大手となった台湾積体電路製造（ＴＳＭＣ）をはじめとする電子部品製造業は台湾経済を力強くけん引している。最先端のマイクロチップの90％が台湾の工場で生産されており、各国が羨む産業大国の地位にある。

一方で、他産業との格差が明らかになっている。行政院主計総処の２０２２年統計では、電子部品製造業の年収（中央値）は76万台湾元（約２６６万円）の一方、レジャーサービス業は39万台湾元（約１３６万円）、小売業は45万元（約１５７万円）にとどまる。市民からすれば、経済成長の恩恵を受けていないのが実感だ。不動産価格や物価は上昇し、所得格差は顕著で若者層の不満は蓄積している。

１人の女性が一生のうちに産む子どもの推計人数を示す合計特殊出生率は、２０２２年で０・８７と過去最低を更新。日本（１・２６）や中国（１・０９）、シンガポール（１・０４）を下回っている。出生数も２０２２年は過去最低の13万９０００万人にとどまった。

若者層は一般的に民進党支持が多いといわれてきた。長期独裁政権時代からの既得権益を維持する国民党とその支持層に対し、民進党がその既得権に切り込んできた流れがある。だが、今の20代前半から半ばの若者から見れば、自分が社会に関心を持ち始めた10代の頃から政権を担ってきたのは民進党だ。その間に経済格差が広がったほか、与党政治家のスキャンダルも相次いだ。「民進党はもはや国民党と同じ古い体質の政党」と見る若者もおり、その結果、今回の総統選挙と立法委員選挙では若者の不満層が新勢力の民衆党に流れたとみられる。「清廉」のイメージがある頼清徳が実際にクリーンな政治を実行し、経済格差や物価高による生活苦を解消できるかが問われることになる。

派閥を退会

民進党のルーツは、国民党の独裁政権に反対する活動家たちが、「党外」の名のもとに結集したものだ。そのため、各人の立場や思想には距離がある。１９８６年に民進党が誕生した時点で、「美麗島系」と「新潮流系」の二大派閥と、「正義連線」などの中間勢力が存在した。

美麗島系は党外雑誌『美麗島』を源流とし、１９７９年の美麗島事件の当事者たちが多かった。新潮流系も同じく党外雑誌『新潮流』を源流とする。正義連線は美麗島事件の担当弁護士出身らでつくり、２０００年に民進党初の総統となった陳水扁も所属していた。

こうした派閥には弊害があったため、２００６年の党大会で派閥活動の禁止が決議された。派閥事務所を閉鎖し、派閥の会合は表向きできなくなったが、現在も派閥は存在しているのが実情だ。

学者出身の蔡英文は民進党が混乱に陥っていた2008年、派閥に属さないニューリーダーとして民進党主席（党首）に就任した。まわりにほかの無派閥の人々が集まるようになった。2016年に総統に就任すると、蔡英文に近い民進党幹部は英系（蔡英文グループ）と呼ばれるようになった。派閥は離合集散を繰り返しているが、結党時から継続している新潮流系は最大派閥の存在で、頼清徳も所属している。新潮流は常に主流派閥だったが、総統を輩出したのは初めてのことだ。

ただ、頼清徳は総統選で勝利を収めた4日後の2024年1月17日、民進党の中央常務委員会議に新潮流から脱退すると表明した。「民主政治とはすなわち政党政治だ。政党内の政治団体（派閥）には功能があるものの、国政をより客観的に推進し、党内の団結を図り、指導していくため、本日から退会する」と説明した。

医師の時代から自分の利益にこだわらず、人を区別することなく、「患者は自分の家族と思え」と訓練されてきた。そして総統に選ばれた今も、特定の集団に属さず、「全員の総統」であることを示したのだ。

「台湾民主の父」であり、政治家として最も策略に長けていた李登輝は生前、「総統は国をうまく統治するために、たった3人をコントロールするだけでいい。総統府秘書長（官房長官）、行政院長（首相）、そして党秘書長（幹事長）だ」と語っていた。頼清徳は国民大会代表から立法委員、台南市長、行政院長、副総統まで、常に自らが率先して活動してきた。総統として配下をいかに指揮するかが注目される。

「現状維持」のエネルギー

中国と統一すべきか。独立を目指すべきか。台湾では常にその議論があるが、現実的には「統一せず、独立せず、戦争せず」という現状維持を求める有権者が圧倒的多数を占める。現状維持路線は最初に直接投票による総統選が行われた１９９６年以降、今日まで変更されていない「鉄則」と言える。そして約30年近く台湾が独立宣言をしていないのは、米国、中国、台湾にとっての「最低ライン」であるというのが暗黙の了解だ。

２０００年に国民党を破り初めて政権を握った民進党の陳水扁総統は就任時、「台湾独立に繋がる国号変更などは行わない」と明言した。ところがその後、国連に「台湾」名義での加盟を申請しようとし、米国からは「トラブルメーカー」とみなされた。現状維持路線から離れようとしたため、台湾と米国の関係はすっかり冷え込んだ。

「現状維持」のエネルギーは、親中派である国民党の馬英九も引きつけた。２００８年に総統に選出された馬は「台湾人として生まれ、死して台湾の霊となる」と宣言し、多くの有権者の心を動かした。

一方で2015年11月には中国の習近平国家主席と会談した。中台が分断して66年、最高指導者が会談するのは初めてだ。中台当局は相手側を自らの主権の範囲内とみなしており、首脳同士が会う場所や肩書の調整が必要だった。会合の場所は華人が多く、中台双方と縁の深いシンガポールが選ばれた。2人は互いに「国家主席」「総統」ではなく、「先生(さん)」と呼び合うことで折り合った。

習近平と馬英九の首脳会談は固い握手で始まった。その時間は1分を超えた。2人は夜に軽い食事をともにしたが、台湾メディアによると、食事代は「割り勘」だったという。どちらかが格上や格下ではなく、「対等」な首脳会談という印象づくりに腐心した。

馬英九は中国への警戒心が根強い台湾の市民感情に配慮し、将来の統一などの踏み込んだやり取りはせず、協定の締結や共同声明の発表もなかった。ただ、両首脳は「1992年合意」をもとに、中国と台湾が経済・文化交流を拡大していくことは確認した。中国と台湾の窓口機関が1992年、口頭で「(中国)大陸と台湾は共に一つの中国に属する」と確認したという原則だ。台湾は「一つの中国」の解釈は「中台双方が行う」という「一中各表」の合意としている。中国は「一中」のみを強調しているが、ともに1992年合意を認めることで、主権問題を曖昧にしたまま実務的な協議を推進するのが狙いだ。

馬英九は中国との安定した関係が台湾にメリットをもたらすとアピールする狙いだったが、民進党主席だった蔡英文は中台首脳会談について「大部分の人民は失望している」と談話を発表。「一つの中国」の原則を確認したことは「両岸（中台）関係における台湾人の選択を制限した」と非難した。そして歴史的首脳会談から2カ月後の総統選挙で、蔡英文は馬英九の後を継いだ国民党候補の朱立倫を破り、当選を果たす。立法委員選挙でも始めて民進党が過半数を制した。国民党の敗因には、馬英九政権の時代に経済格差が進んだことや総統党候補選出を巡るゴタゴタもあったが、現状維持を重視する有権者が、中国への傾斜を進める馬政権に反発したことが大きかった。

台湾独立を目指すのか

民進党はそもそも、中台双方が「一つの中国」を確認したという「1992年合意」の存在を認めていない。この合意なるものは文書に残っておらず、しかも2000年になって初めて「1992年に合意があった」と表明されたものだ。民進党は「台湾は事実上の主権独立国家」という立場を取り、頼清徳は「１９９２年合意を受け入れれば台湾は消滅するだろう」と明言している。

かと言って、台湾が中華民国の衣を脱ぎ捨て、「台湾」もしくは「台湾共和国」として独立することは困難だ。台湾の独立には、中国との統一を前提とした中華民国憲法の改正が必要となる。改憲は立法院の総議員の４分の３が出席し、さらに出席者の４分の３が賛成しなければ発議できず、さらに投票で全有権者数の過半数の賛成を得る必要がある。超えるべきハードルは高く、長い。仮に民進党政権が改憲の発議をしても、国民党ら野党の立法委員が欠席してしまえば、そこで終わりだ。何より、統一のために「武力行使を放棄しない」と繰り返している中国が、台湾独立の動きを看過することはあり得ない。

結局、現状維持はただのスローガンではなく、国際政治や国内政治においては現実の政策だ。総統選挙では、当選を決めた候補者はすぐに現状維持路線を表明する。

親中派の青（国民党）の陣営なら「中国との統一はしない。共産党に『ノー』と言う勇気がある」と強調するし、独立志向が強い緑（民進党）の陣営も「独立宣言をしたり、中国を挑発したりすることはない」と明言する。

その意味では２０２４年の総統選挙でも、民進党候補の頼清徳も国民党候補の侯友宜も、立場は変わらない。双方の違いは、親米的か、親中的かという定義と距離だけだった。民衆党の柯文哲は対中関係で多くを語らず、経済問題や内政を中心に主張していた。

頼清徳はこれまで「私は実務的な台湾独立主義者だ」と何度も話している。だが、頼は外交にも長年携わっており、現状維持の重要性を把握している。

頼清徳は総統選挙のさなか、蔡英文が掲げる「4つの堅持」を継承することを表明している。4つの堅持とは「自由で民主的な憲政体制を堅持」「台湾と中国が互いに隷属していないことを堅持」「主権の侵犯と併呑は許さないことを堅持」「台湾の前途は全ての台湾人民の意思に従うことを堅持」を指す。

頼清徳はさらに「4本の柱」を付け加えた。「台湾の防衛力強化」「経済による安全保障」「世界の民主主義国家との結びつきの強化」「安定的で原則に基づく両岸（中台）関係」だ。統一はもちろん、独立も掲げず、中台関係の現状維持を表明している。「台湾は既に主権のある独立した国であり、台湾の独立を宣言する必要はない。民主主義と平和を維持し、国防を強化し、戦争に備え、戦争を起こさない」

それが頼清徳の信条だ。

政権の生命線、対米関係

民進党政権にとって米国は最大の後ろ盾だ。その関係を良好にすることは、政権の生命線とも言える。

ジョー・バイデン米大統領は1月13日、頼清徳が総統選に勝利したことを受け、報道陣の質問に頼への祝意も示さず、「われわれは（台湾の）独立を支持しない」とだけ答えた。バイデン政権にとって、中国と距離を置く民進党が政権を取ることは安心材料だ。しかし、独立を主張すれば中国が看過することはありえず、戦争が現実味を帯びる。ロシアによるウクライナ侵攻やイスラエルによるパレスチナ・ガザ地区への侵攻への対応に追われる中、中台関係で新たな火種を抱えたくない。

頼清徳はこれまで「私は実務的な台湾独立主義者」と繰り返してきた。特に行政院長（首相に相当）の時に立法院で「私は台湾独立を主張する政治家だ。どんな立場でもそれは変わらない」と発言している。バイデンのそっけないコメントは、頼に対し、「トラブルメーカーとならないように」と懸念を示したとも受け止められる。

一方で別の解釈もある。バイデンのコメントは中国側へのメッセージでもあるという考えで、「米国が台湾の独立を支持することはないので、中国が軍事的威圧を高める必要はない」という意味を込めたということだ。中国は「台湾独立派」と決めつける頼清徳と直接交渉することは考えていない。米国は台湾独立の動きを制する姿勢を示し、中国が軍事圧力を高めないよう牽制することで、実質は頼清徳政権を擁護しているといえる。

バイデン政権は総統選挙翌日の14日、非公式代表団を台湾に派遣すると発表した。ブッシュ（子）政権で大統領補佐官（国家安全保障担当）を務めたスティーブン・ハドリーやオバマ政権で国務副長官を務めたジェームズ・スタインバーグなど、歴代政権で安全保障を担当した超党派の元高官たちで構成している。

頼清徳は代表団との会談で「蔡英文総統が築いた関係をもとに、（中国の軍事的圧力に対し）台湾は冷静に対応し、米国を含む理念の近いパートナーと協力して、台湾海峡の平和で安定した現状の維持に努める」と表明した。台湾のトップが米国側に伝える定例の「現状維持」コメントに「冷静に対応し」を付け加えることで、米国の懸念を払拭しようとした。代表団の1人で米国在台協会（ＡＩＴ）トップのローゼンバーガー理事長は頼に「党派を超えて台湾への協力を継続する」と伝えた。

米国は１９７９年に中国と国交を正常化して台湾と断交する一方、台湾関係法を成立させ、台湾の自衛を支える武器輸出を超党派で推進してきた。外交的には台湾を自国の一部とする中国の立場を「認知する」としながら、台湾総統選挙後には非公式代表団を派遣している。

米国の歴代政権は、台湾有事での対応をあえて明確にしない「あいまい戦略」と呼ばれる政策を取ってきた。米軍は台湾防衛に直接関与するか決定はしていないが、選択肢として除外しないという態度だ。その中で、バイデン大統領は2022年9月、中国からの「前例のない攻撃」があった場合、「米国は台湾を守る」と発言した。「米軍が台湾を守るという意味か」と質問され、「そうだ」と答えた。ホワイトハウスはただちに「米国の外交方針は変わっていない」と声明を出したが、バイデンの発言は台湾にとっては大きな「援軍」だった。米国が民主台湾の後ろ盾になる姿勢は変わらず、頼清徳が安定した信頼関係を維持していくかが注目される。

台湾統一「必ず実現する」と中国

中国の習近平国家主席は、2023年に3期目の任期に突入した。国家主席の任期は「2期10年」と定められていた憲法を改正し、異例の長期政権に入った。かつて毛沢東時代に長期独裁政権が続き、毛が始めた文化大革命によって国内が大混乱に陥った反省から、毛の死後に実権を握った鄧小平らの指導でその後は特定の人物に権力が集中しないよう、国家主席は2期までとなり、鄧を継いだ江沢民や胡錦濤が国家主席の時代はある程度の集団指導体制が取られるようになった。

しかし習近平は２０１３年に国家主席に就任すると、共産党員や公務員、軍人らの不正を追及する「反腐敗運動」を展開し、その過程で江沢民系列の実力者を追い払い、権力を自らに集中させた。政権上層部は習の子飼いの人物ばかりで固められ、胡錦濤の「弟子」である李克強首相は本来の任務である経済分野でも出番を奪われた。

国家主席の任期を取り払った習近平は２０２８年以降も4期目に入ることが予想され、ロシアのプーチン大統領のような長期政権を続ける可能性がある。「毛沢東をも上回る権力者になろうとしている」と指摘される中、自らの政治的レガシー（遺産）として、武力行使などあらゆる手段を通じて「台湾統一」を図ろうとすることは否定できない。

頼清徳の総統当選が決まった後、中国版X（旧ツイッター）と言われるSNS「微博（ウェイボー）」では、「平和統一の望みは完全に失われた」「遅すぎる統一に意味は無い。もう武力行使すべきだ」という書き込みが相次いでいる。市民の率直な意見なのか当局の「仕込み」なのか定かではないが、中国の経済は急速に落ち込んでおり、国民の不満はたまりつつある。そうした問題から国民の目をそらすためにも、中国政府が台湾との緊張を意図的に高める可能性もある。

中国の王毅外交部長（外相）は2月17日、ドイツ・ミュンヘン安全保障会議で演説し、民進党が「独立を図っている」と決めつけ、台湾統一を「必ず実現する」と強調した。

台湾経済を「武器」に

現実に中台海峡の緊張は高まっている。2022年8月に米国のナンシー・ペロシ下院議長が訪台した際、中国軍は台湾の周辺海域に弾道ミサイルを撃ち込む大規模な軍事演習を実施した。現在、中国軍機が事実上の休戦ラインである台湾海峡の「中間線」を超えるのが常態化しており、中国の気球は台湾本島上空まで飛来している。

蔡英文は防衛予算を7年連続で積み増し、8年間の政権で防衛費は1・7倍に増えた。自前の潜水艦の建造も始め、2024年から兵役を4カ月から1年に延長することも決めた。

ただ、台湾は輸出入とも中国が最大の貿易相手だ。2023年は輸出の35％、輸入の20％を占める。台湾内部でも中国との経済強化を望む声は少なくない。また、防衛費の増強や兵役の延長に対し、「それよりも経済格差の是正や若者の生活支援に力を入れてほしい」という不満もある。

人口14億人の中国と2300万人の台湾。国内総生産（GDP）では中国は台湾の20倍以上に及ぶ。軍事力だけで対抗するのは難しく、頼清徳は台湾経済を「武器」とした「経済安全保障」に力を入れようとしている。

台湾は先端半導体の生産で世界シェア9割を握っている。「産業のコメ」といわれる半導体はあらゆる先端機器に欠かせない。中国は電気自動車やスマートフォン、ドローンなどを国家の戦略的主要産業としているが、先端半導体の自主開発は進んでいない。以前は台湾が中国に経済的に依存していたが、今では半導体で中国が台湾に依存している。

もちろん、依存しているのは中国だけではなく、日本、米国、欧州も同じだ。仮に台湾有事が起こり、台湾のテクノロジー産業の生産ラインが停止すれば世界経済への影響は計り知れず、甚大な損失が生じる。世界にとって台湾有事は遠い対岸の火事ではないのだ。

2024年2月末には、熊本県菊陽町に半導体受託製造の世界最大手、台湾積体電路製造（TSMC）の工場が完成。年内に稼働を始める。頼清徳は蔡英文政権の8年間で成長した半導体産業を通じて世界との「同盟」を強化し、台湾の安全を確保していく考えだ。

重要なパートナーである日本

米国の非公式代表団が台湾を訪れるより早く、日本の超党派国会議員でつくる日台友好議員連盟「日華議員懇談会」（日華懇）の会長、古屋圭司衆院議員（自民党）は総統選挙投票日の1月13日、台北入りしていた。翌14日には民進党本部で頼清徳と会談し、総統選挙当選について「台湾の民主主義の勝利かつ、理念を同じくする国にとっても勝利だ」と祝福した。頼は「日本には何度も訪れており、台日協力には深い思いがある」と述べ、当選翌日の面会が「台日の緊密な関係を象徴している」と強調した。頼はこの日、東京から駆けつけた台湾窓口機関・日本台湾交流協会の大橋光夫会長や同協会台北事務所（大使館に相当）の片山和之代表とも会談している。

頼清徳は古屋圭司との会談で、日台間の投資や貿易を増加したいと述べ、「特に半導体など経済分野で、相互補完の効果を期待できると考えている」と強調した。

熊本県菊陽町に完成した台湾積体電路製造（ＴＳＭＣ）の工場は、日本政府が最大１兆２０００億円を補助することで誘致を実現した。２月24日の開所式に参加した齋藤健経済産業大臣は「日本で初めてとなる工場が開所式を迎えたことは、日本の半導体業界におけるミッシングピース（欠けている部分）が埋まるきわめて意義深いものだ」と称賛した。同時期、日本株式市場はバブル期の最高値を超え、史上最高値を更新。TSMC初の日本工場完成によるところが大きかった。

1980年代は世界シェアの50％を占めた日本の半導体産業は長期低迷を続け、現在は10％を下回っている。ナノメートル（10億分の1メートル）単位で半導体チップの電子回路の幅を狭くし、多くの回路を集積する「縮小化レース」では完全に脱落した。

TSMCの熊本工場では高度な演算処理を行う「ロジック半導体」を製造し、自動車や産業機器、高性能のコンピューターなどに使われる。単位は12〜16ナノメートルと22〜28ナノメートル。日本はロジック半導体で40ナノメートルまでしか製造する技術がない。日本政府はTSMCの誘致を通じ、日本国内の「ミッシングピース」を埋めて、半導体産業の技術向上につなげようとしている。現在計画されている熊本第2工場では6〜12ナノメートルの製品を製造する予定。TSMCはさらに熊本第3工場を建設し、世界最先端の3ナノメートルの製造も検討しているという報道もある。

新型コロナウイルスが世界で拡大した時期、日本では必要な半導体が入荷せず、自動車やゲーム機の生産が停滞した。ロシアのウクライナ侵攻などで世界情勢が不安定化し、半導体の調達を海外頼みにますますできない時代となった中、「台湾の巨人」が日本に上陸した意義は大きい。頼清徳が「特に半導体」で日台経済協力を進めたいと表明した通り、半導体産業の連携は日本の経済成長や台湾の経済安全保障双方にメリットがある。

頼清徳の日本へのアピールはその後も続く。1月22日には日本の国会で開かれた日華議員懇談会の臨時総会に「台日関係が引き続き各分野の協力と交流を深めていけることを強く信じている」「(日本と台湾は）自由、民主主義、人権、法の支配といった基本的価値観を共有する重要なパートナーかつ友人だ」とメッセージを送った。会長の古屋圭司はこの場で「台湾有事を絶対に起こさせてはいけない。共通の価値観を持つ国々が連携し、中国をけん制していく」と語っている。

頼清徳は2月26日夜、台北市で日本台湾交流協会が開いた天皇誕生日の祝賀レセプションに、蔡英文総統と共に出席した。1972年の日台断交後、現職の総統と副総統が出席したのは初めてで、日台関係の緊密化が進んでいることを反映した。頼は「台湾と日本が経済交流や人的往来をさらに密にし、さらに台湾海峡やインド太平洋地域の平和と安定にもいっそう貢献できるよう、協力を強めていきたい」と述べた。

民進党政権は軍事面では米国の武器を導入し、米軍の訓練も受けて防衛力を高めようと

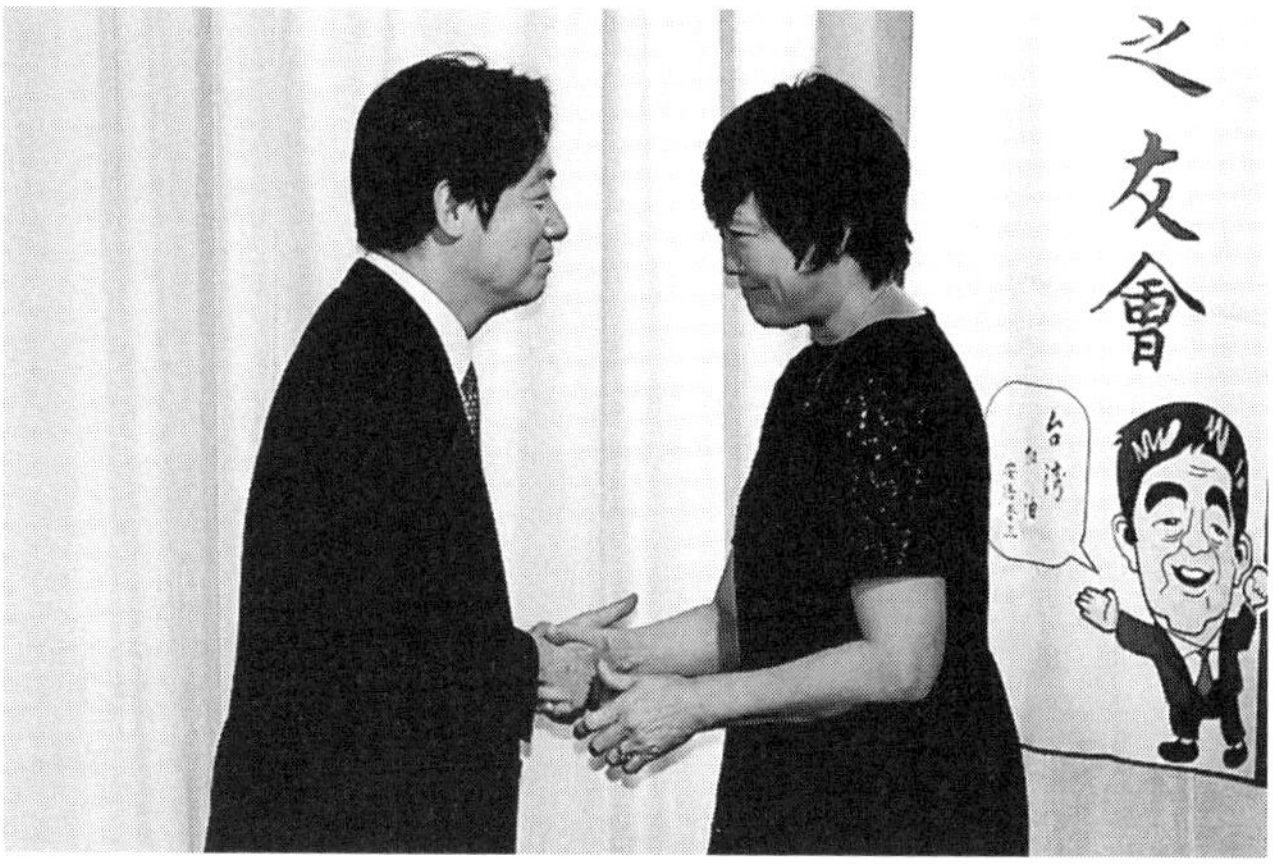

2023年7月、台湾を訪問した安倍昭恵夫人と懇談

している。外交面では世界の民主主義国との連携を強化し、中国の侵攻リスクを抑える戦略だ。特に隣国の日本との連携は最重要となる。日本にとっても、「台湾で最も親日的政治家」と言われる頼が総統に就任することは、逃すことができないチャンスと言える。

頼清徳は台南市長時代から日本の地方都市と友好関係を築き、東日本大震災や熊本地震では「まさかの友は真の友」であることを実践し、長年の親交があった安倍晋三の死を弔うため、外交リスクを犯して訪日した。２０２４年２月４日に安倍の母・洋子さんが死去すると、翌日のＸ（旧ツイッター）に日本語で「悲しみに暮れております」と投稿した。頼が安倍の弔問で洋子さんと並んで撮影した写真も添えた。「真面目な完璧主義者」と言われる彼が、本来は「情の人」であることが分かる。

頼清徳は大の野球好きであり、日本のマスコミのインタビューに「台湾のチームが日本のプロ野球リーグに参加できれば面白い」と語っている。プロ野球のアジアリーグ構想は以前から日本球界でもたびたび話題になっている。毎年11月ごろには台湾のチームや日本、韓国の若手選手で編成した代表チームによるアジアウインターベースボールリーグが台湾各地で行われている。政治や経済、外交といったテーマに限らず、頼は日本とさまざまな交流を求めている。

妻が総統選で

頼清徳を長年支えてきた「姿を現さない最大の支持者」、それが妻の呉玫如だ。学生時代に交際を始め、頼が兵役に就いた際は毎日のように手紙を送って励ました。いったんは理学療法士として病院に勤務した頼が再び医師を目指して大学キャンパスに通い始めた半年後に結婚。アルバイトもできない夫に代わり、大学卒業後に国営台湾電力に勤務して生活を支えた。

頼清徳が政治の道へ進むと決めた際は、「家族は選挙運動で表舞台に立たない」「選挙運動にも参加しない」「プライバシーを明かさない」という「三不（3つの『ない』）」の条件で了承した。頼のブレーンや秘書、支持者、友人らも長年、妻との接触はほとんどなかった。

彼女が初めて公の場に姿を現したのは、頼清徳に同行して新生台南市の初代市長の就任式に出席した2010年12月25日だ。胸元にリボンが付いたピンクのシャツを着て上品な雰囲気を漂わせていた。式典では笑顔を絶やさなかったが、一言も発しなかった。また、「市長夫人」となった彼女は自ら台湾電力台南営業所から高雄営業所への転勤を申請していた。疑惑を持たれるのを避けるためだった。彼女は車で3分だった台南営業所から往復2時間かかる高雄営業所へ転勤した。

夫が行政院長（首相）になると、国有企業である台湾電力を管理する立場となるため、早期退職を申請した。彼女は台南市長や行政院長、副総統の就任式に出席する以外、政治の舞台にほとんど姿を現さず、フェイスブックなどのSNSで発信することもない。

彼女が育てた2人の息子はすこやかに育ち、学業も順調で米国に留学している。長男は結婚して米国で働き、息子がいる。関係者によると、2023年までに家族で台湾に帰国して台湾で仕事をしている。きまじめなイメージの頼清徳も遊説中、周囲に孫の写真を見せて「うちにはハンサムな男の子がいるよ」と嬉しそうに語ったという。頼の次男も米国の学業を終え、2023年初めに台湾に戻って働いているという。

その呉玫如は2023年12月27日、長年の沈黙を破った。翌年1月の総統選挙に向けて、夫について語る約2分間のPR動画が公開された。

夫について「ロマンチックな人ではないですね。ジョークを言うのが好きですが、笑えるのは10のうち2つくらい」と明かしつつ、「責任感が強く信頼できる人です」と話す。

一方通行を逆走する運転手を頼清徳が注意して暴行を受け、重傷を負った2004年の事件を振り返り、「あの時は本当に悲しかった。私も家にいたら、ほうきを持って外に出て彼と一緒に（暴漢と）戦ったでしょう」と話す。インタビュアーがおそるおそる「彼の行動はおろかと思いますか？」と尋ねると、「誇りに思います。彼には大きな使命がある。他者を守ろうとする時、彼は恐れをなさないのです」と話した。「頼は1年中ほとんど休みなく働いている」とも話し、インタビュアーから「あなたと一緒にいる時間は少ないですね」と問われると、「彼はみんなのものですから」と答えている。

この動画は映画監督の楊力州が手掛けた。呉玫如は撮影当初、目立つことを心配していたが、話し合いの末、「最初に頼清徳氏を選んだ人」という立場で彼の人物像を伝えることにしたという。動画の最後には2人の若かりし頃の写真がアップされ、呉玫如が安心しきって頼清徳の胸に顔を寄せ、共に笑顔を浮かべている。

頼清徳は妻の動画公開後にフェイスブックを更新。「政界入り後は家族の意向に基づき、できるだけ家族について語らず、顔を出させないようにしてきた」と振り返り、妻が動画

2010年の初代台南市長就任式で、妻の呉玫如が初めて公の場に姿を見せた

2014年末、妻の呉玫如は頼清徳の2期目の台南市長就任式に出席

に出演して思いを語ってくれたのは「意外だった」とコメントし、妻や家族に感謝をつづった。

習近平とタピオカを

日本統治以前から台湾に住む「本省人」と、その後に中国大陸から流入してきた「外省人」。台湾内部の分断を引き起こしてきた流れも変わりつつある。

台湾で政治大学選挙研究センターは長年、「あなたは台湾人か」「中国人か」「両方か」と質問を続けている。総統選挙の直接投票が行われる前の1994年、「自分は台湾人」と答える人はわずか20・2％。「中国人」が少し多い26・2％、「両方」が最も多い44・6％だった。しかし30年近くたった2023年では、「台湾人」が62・8％と大勢を占め、「両方」が30・5％、「中国人」は2・5％にまで減少した（いずれも無回答者は除いた数値）。

今回の総統選挙の候補は、民進党の頼清徳、国民党の侯友宜、民衆等の柯文哲はいずれも本省人。初めて候補者全員が本省人となった。中国に融和的な国民党候補の侯も、演説の多くは中国語でなく台湾語を使った上で、中国との交流による経済的利益を訴えた。

国民党の支持者は、一党独裁下の高度経済成長で恩恵を受けた層が多い。主に台湾北部の都市部が地盤で政策は保守的であるが、支持層の高齢化が目立つ。

第2野党の民衆党は柯文哲の人気に頼った「個人商店」だ。柯は台湾市長時代に数々の改革を行っており、当初は「第2民進党」というイメージだった。総統選挙では国民党と統一候補を模索し、その後の立法委員議長（国会議長に相当）選挙では国民党に利する投票行動を取った。次にどんな行動を取るか読めない点があるが、対中関係では親中派の国民党と独立志向の民進党の中間に位置するといわれる。台湾全体としては、台湾を「本土」と考える人々が増える流れは確実となっている。

頼清徳は5月20日、総統に就任する。その演説でどのようなメッセージを発するか世界が注目している。歴代総統はみな、「一つの中国」を巡り、就任演説で腐心してきた。中国はそれを台湾との対話条件の大前提としている。独立を表明しなくとも、民主台湾として国際社会の存在感を高めたい民進党政権が正面から受け入れることはできない。蔡英文は2期目の総統就任演説で、中国の主張する「一国二制度」を「受け入れない」と明言する一方、「一つの中国」を前提としている中華民国憲法に基づいて「両岸（中台）関係を処理する」と表明し、中国側に配慮を示した。それでも蔡政権の2期8年間で、中国との対話は進まなかった。

頼清徳を「筋金入りの独立主義者」とみなす中国が、新総統となる頼と対話をすることは当面考えられない。台湾海峡周辺での軍事演習やミサイルを飛ばすといった「軍事圧力」、果物の禁輸や関税優遇の見直しといった「経済圧力」、台湾と外交関係ある国に断交を迫る「外交圧力」という「圧力3点セット」を今後も仕掛けてくることが予想される。ただ、いずれも台湾社会はこれまでも経験しており、ダメージは少ない。何より不毛な対立を加速することがないよう、頼清徳は中国との対話をあきらめていない。

果物王国の台湾は多種多様なフルーツティーの宝庫であるほか、タピオカミルクティーも有名だ。頼清徳はそのタピオカミルクティーを愛飲している。健康志向が高まる台湾ではノンシュガーで飲む人も多いが、頼は「砂糖たっぷりの一杯が元気をくれる」と選挙運動中も甘いタピオカミルクティーを飲み干している。

総統選挙中、テレビの討論番組に出演した頼清徳はもっとも一緒に食事したい人として「中国の習近平国家主席」と回答している。そして彼はこう希望している。自身の好物である「エピピラフとタピオカミルクティーをごちそうして、『戦争に勝者はいない』と伝えたい」。それが実現する時が来るのか。新総統・頼清徳の手腕が注目される。

番外編

副総統・蕭美琴は何者か

「戦う猫」

「我回来了！（私は帰ってきました）」

民進党の総統候補・頼清徳と共に、副総統候補となった蕭美琴は選挙期間中、何度もこのフレーズを繰り返した。

台湾人の父と米国人の母を持つ彼女は２０２０年7月、蔡英文総統の命を受けて、女性初の駐米台北経済文化代表処代表（駐米大使に相当）に就任し、ワシントンで勤務した。そして総統選挙を前にした２０２３年11月20日、蔡や頼清徳から副総統候補に指名された。

米国での活躍ぶりは大いに話題を呼んだ。駐米代表に赴任した際は、「中国のような攻撃的な戦狼外交ではなく、戦う猫のように柔軟に、米国と中国の間を生き抜く外交を目標としたい」と述べ、注目を集めた。近年の中国は自国の利益や正統性を繰り返し主張し、他国を威圧するような外交を繰り広げており、中国で大ヒットしたアクション映画『戦狼』にちなんで「戦狼外交」と言われている。中国国内では称賛の言葉であり、世界では警戒する言葉として使われている。これに対し彼女は、軽やかに、なおかつしたたかな「戦猫外交」を掲げた。

彼女の最大の成果は２０２１年1月20日、ジョー・バイデン大統領の就任式に招待を受

2023年8月、頼清徳がサンフランシスコに到着。AITのローゼンバーガー会長(右)と蕭美琴（左）が飛行機に乗り込んで出迎えた

けて出席を果たしたことだ。台湾の「駐米大使」が米国の大統領就任式に出席したのは初めてであり、台湾の存在感を世界中に高め、もちろん中国側を大いに激昂させた。彼女は２０２２年には中国から「台湾独立分子」のレッテルを張られ、制裁対象リストに入っている。

これまでも触れた通り、台湾の総統選挙では各政党が総統候補と副総統候補を発表し、有権者はそのペアに投票する。２０２０年の選挙では民進党は蔡英文が総統候補、頼清徳が副総統候補としてコンビ（配）を組み、「英徳配」と呼ばれた。選挙期間中の副総統の存在感は大きく、民進党陣営は知名度が高い蕭美琴に白羽の矢を立てた。「頼蕭配」の誕生だ。

「副総統候補になって、台湾全土を回りました。一人一人から励ましの声を受け、どれだけのエネルギーをもらったことか」「蔡英文総統は台湾の経済を大いに発展させ、国内総生産（GDP）で韓国を追い抜いた。コロナ禍では台湾の感染対策は世界を驚かせた」「蔡政権の実績は、私たちもこれからできることを意味している。みんなで民主の力を見せましょう！」

米国式のスピーチを取り入れ、中国語や台湾語を駆使する彼女の演説は多くの人を魅了した。それは、総統選に勝利し、民進党政権を継続させる大きな力となった。52歳の彼女は早くも、「頼清徳の次の総統候補」とすら名前が挙がっている。その彼女の半生は、頼とは違った形で波乱に満ちていた。

台湾と米国のハーフ、日本生まれ

１９７１年８月７日、日本の神戸で、台湾人の夫と米国人の妻の間に蕭美琴は誕生した。母親は白人で祖先からスコットランド、イギリス、オランダの血を受け継いでいる。出生後すぐに両親の仕事の都合でタイ、スイス、ベルギー、オランダを転々とし、アメリカで母方の祖母にも会っている。彼女は父親とは台湾語、母親とは英語で話し、生まれながらのバイリンガルだった。

父の故郷・台南市に移り、台南師範学院付属小学校に通学すると、そこで大きな衝撃を受ける。学校で教えられる中国語が聞き取れなかったのだ。教師の短い言葉も理解できず、同級生との会話やゲームをすることも難しかった。

大きな丸い目とすらっとした鼻、白い肌。西洋人の特徴が表れた容姿の彼女は、それ以外でも注目された。児童が昼食用に持ってくる弁当は米飯におかずという組み合わせが当たり前だったが、米国人の彼女の母親が用意したのは、サンドイッチと野菜のスティック。西洋人形のような彼女がそれをほおばる姿を同級生たちは不思議そうにずっと見つめており、昼食は「ランチショー」と化した。

幼い蕭美琴は、学校の送り迎えで白人の母親が仲間の目に触れるのを嫌った。時には母親に気づかないふりをして帰ったこともある。母方の祖母が家族に会うため、米国から台湾に訪れた時、たまたま学校で行われていた運動会を見学した。しかし孫娘は帰宅後、応援してくれた祖母に「どうして学校に来たの！」と怒りの声をあげた。幼い彼女はまだ、心の葛藤を自分で整理することができなかった。

父親の蕭清芬は台湾最大のキリスト教派・台湾基督長老教会の牧師であり、台南神学院で教鞭をとっていた。台湾の民主化運動には積極的に参加しなかったものの、後方から支援を続けていた。神学生も多く運動に参加しており、1979年の美麗島事件で弾圧・投獄された学生たちの面会や精神的支援に努めた。

美麗島事件が起きた時、蕭美琴は小学3年生だった。台湾基督長老教会の幹部が、国民党の独裁に反対する党外勢力の主要人物・施明徳をかくまった容疑で逮捕されたことをテレビのニュースで見た。国民党の独裁政権の時代、学校の先生が施を「ろくでなし」と罵っていたことを思い出した。彼女もそのまま「このろくでなし」と口にすると、父親は苦しげに「子どもには分からない。いいかげんなことを言ってはいけない！」とたしなめた。施に関する話はそれで終わり、父はただ重苦しい表情を続けていた。

外国人じゃない

米国人ではなく「台湾人」になりたい少女は、合唱団やガールスカウトに活発に参加した。ガールスカウトの主な任務は毎日、中華民国の国旗を掲揚し、「三民主義は我が党の指針、民国を建設し、大同（世界平和）に進む……」と国歌を斉唱することだった。小学校高学年になるにつれて、「自分は一人の台湾人」と思えるようになってきた。

　進学した台南市立後甲国民中学校では、成績が芳しくない生徒はみんなの前で体罰を加えられた。両親から自由な教育を受けてきた蕭美琴にとって、「公開処刑」は耐えがたいことだった。熱心に勉強することを余儀なくされ、3年生になるとトップ3に入る成績を収めた。

　高校に入学する頃は父親の仕事の都合で、米国に行くことが決まっていた。それでも彼女は台湾での学業生活の締めくくりに第一志望の台南女子高等学校を受験し、合格した。すると、台湾の有力紙・中国時報に「外国人が台南女子高校に合格」という記事が載った。見た目が外国人というだけで、その行動がニュースになる時代。「私は明々白々の台湾人よ。なにが外国人よ！」と憤慨した。

　そして中学を卒業した夏、彼女は家族とともに米国へ向かう日を迎えた。故郷と友人たちとの別れは耐えられないほどつらいものだった。手にしたパスポートを見ると、自分の名前「美琴」のローマ字表記が中国語の「Meichin」（メイチン）ではなく、台湾語の「Bikhim」（ビーキム）となっていた。「ビー、アイ……」ローマ字を一文字ずつ読み上げると、たとえ離れたとしても自分と台湾の地がしっかりと結びついているように感じた。

米国でも「よそもの」

米国に渡った蕭美琴は家族とニューヨークの西部に位置するニュージャージー州モントクレアに暮らした。モントクレアは典型的なニューヨークの衛星都市であり、住民の多くは蕭の父親と同じようにマンハッタンに通勤している。彼女は地元のモントクレア高校に入学した。

蕭美琴は新しい環境で英語には困らなかったが、高校では文化的衝撃を受けた。生徒は黒人と白人が半々くらいで、少数派としてアジア人がいた。授業以外では黒人と白人はグループで行動しており、彼女はまた居場所のない「外国人」となってしまった。しかも、台湾では白人と見られた彼女はある種、「特別な外国人」と見られたが、アメリカではただの少数派だった。環境の変化に適応できず、中学時代の友達に毎日手紙を書くことが気を紛らわせる唯一の方法となった。家に帰ると最初に友人の手紙が来ていないか確認した。手紙があれば幸せ、なければ落ち込みと、それは一日の運命を決める占いのようだった。「なぜ白人は他の人種より常に豊かな暮らしをしているのか?」。日々の生活の中で、心にそんな疑問も芽生えてきた。アジア系移民が受ける扱いに気持ちがふさぎこみ、感情を押し殺す中、真っ黒な服を着ることを好むようになった。英国出身の歌手ジョージ・マイケルのファンとなり、彼の曲を聴いたり似顔絵を描いたりすることだけが、暗い高校生活を輝かせた。

高校卒業後、オハイオ州にあるオーバリン大学で学んだことは、そんな彼女の人生に大きな影響を与えた。「トウモロコシ畑の中にあるこの大学は私に目標を見つけさせ、力を与えてくれた。私の人生を変えた」と本人は述懐している。

キリスト教のプロテスタント・長老派教会によって設立されたこの大学は入学資格に性別や人種を設けず、１８３３年の開校当初から女性の学生を受け入れ、１８３５年に有色人種の学生を受け入れている。黒人が奴隷として扱われた時代、米国で最初に人種の垣根を越えた大学となり、南部から逃亡してきた黒人奴隷をかくまう中継点にもなっていた。ちなみに、日本の桜美林大学は、オーバリン大学の創始者ジョン＝フレデリック・オーバリンにちなんで命名されている。

「一人でも世界を変えることができる」（Think One Person Can Change the World. So Do We.）

そう書かれたオーバリン大学のパンフレットを見て、蕭美琴の心は魅了された。入学すると、広大なキャンパスでは連日のように討論会や署名活動、ボランティア、デモ、抗議活動が行われていた。大学には「テーマハウス」というさまざまな寄宿舎があり、自由に選ぶことができる。志を同じくする学生が学校に申請すれば、ユニークなコミュニティを築くこともできる。

蕭美琴は最初の2年間、アジア文化に関心を持つ学生が住む「アジアハウス」を選んだ。台湾人のルームメートと故郷の料理を味わったり、インドカレーや韓国のキムチと交換したり、各国の郷土料理を楽しんだ。食堂には「ランゲージテーブル」が配置され、テーブルごとにアジア各地の言語を勉強できた。蕭美琴は日本語や中国語のテーブルに行き、台湾の小学校の教科書で「共匪（共産主義者を盗賊呼ばわりする蔑称）」と教えられた人々とも友人になった。

高校まで数学や化学が得意だった彼女は、将来は理系でキャリアを築くことも考えていたが、フェミニズムやマイノリティーの問題に関心を持つようになった。「かわいい」と言われるのが嫌いで髪の毛を男性のように短くし、車に乗る時に男子学生が「僕が運転してあげるよ」と言うと、「私が運転できないと思っているの?」とうとましい気分になった。

政治への目覚め

3年生になるとアジアハウスから「第三世界の家」に移り住んだ。仲間はブラジル、インド、バングラデシュなどの出身者が大半。帝国主義の時代は植民地とされ、米ソ冷戦時代は第三世界と呼ばれた国々から米国に来た人々は、歴史や社会、政治についてそれぞれ独自の考えを持っていた。例えば、「コロンブスが1492年に新世界を発見した」という考えは、西洋中心の浅はかな発想とみなしていた。

搾取される人々、社会のあらゆる差別、硬直した構造。すべての不正義が蕭美琴を憤慨させた。社会を変革し、権利を求める運動やデモに積極的に関わっていくようになる。大学3年生の時には台湾に戻ってデモにも参加した。すると、新聞に「デモ隊に西洋女性が参加」と報じられ、すぐさま「なぜ差別的な言葉を使うのか」と抗議の手紙を書いた。高校受験で「外国人が合格」と書かれて憤慨した当時と比べ、行動力が身についていた。

オーバリン大学のアルバイトで「東アジア図書館」で働いたことは、重要な転機となった。台湾の歴史や国民党の独裁に反対する「党外」雑誌は、台湾を理解する別の視点を与えてくれた。中でも「台湾独立運動の父」といわれる史明の『台湾人四百年史』は、国民党独裁政権下の台湾で学んだ歴史観から抜けだし、故郷・台湾を再理解することができた。党外活動家を「ろくでなし」と呼んだ少女は、生まれ変わった。そして第三世界の他の国に比べ経済は成長している台湾が、主権と独立という政治面では他の経済後進国より劣っている現実にも気づいていく。

大学3年生のとき、台湾で女性の地位向上運動を進める呂秀蓮の著書を読んで感動した。呂はのちに民進党の陳水扁総統のもと8年間副総統を務め、2004年には陳とともに銃撃されてけがを負っている。蕭美琴は呂の事務所スタッフに応募する手紙を書き、1学期休学して台湾で彼女の運動に参加した。その後はオーバリン大学を卒業後、コロンビア大学で政治学の修士を修了した。

トップの信頼を勝ち取る

在学中から訪米する民進党員との交流が増えた彼女は、キャンパスを離れてすぐの1995年、民進党が国際的活動を増やすため設立したばかりの駐米代表所の執行長に就任した。台湾から訪れた民進党の政治家たちは、英語が堪能な上、勤勉で優秀な仕事ぶりの彼女に強い印象を受けた。台湾に戻るよう招請され、1997年には26歳の若さで民進党の国際事務部主任に就任する。党内最年少の幹部職だった。

２０００年に陳水扁が政権を取ると、またもや最年少の総統府顧問に就任する。それまでに陳の外遊に何度も同行し能力を買われていた彼女は、総統直属の「英語顧問」となった。

２００２年には立法委員（国会議員に相当）選挙に出馬。最初は有権者と握手をするのも恥ずかしがり、多忙なスケジュールに泣き崩れたこともあった。それでも持ち前のコミュニケーション力で初当選を果たす。２００６年には立法委員として初めて同性婚を認める婚姻法案を提出。議会は国民党が多数派だったため成立しなかったが、同性婚合法化に向けた第一歩となった。２００８年の総統選挙で民進党が下野した後、党主席（党首）に就任した蔡英文の特別補佐官となり、信頼を勝ち取っていく。

立法委員は２０２０年まで４期務めた。40代前半で当選した女性委員の邱議瑩、鄭麗君と合わせ、台湾で人気の女性３人組アイドル「S.H.E」になぞらえて「立法院のS.H.E」と呼ばれた。猫好きの彼女が台風の被災地を視察した際、路上で一匹のトラネコを拾って自宅で保護し、同じ猫党の蔡英文が引き取ったエピソードもある。

２０１９年には蔡英文政権で同性婚がアジアで初めて合法化された。大陸の中国では、同性愛は刑法の「流氓（ならず者）罪」が適用される「違法」行為だった。1997年には撤廃されたが、現在も同性愛は公に認められていない。台湾が同性婚を認めたのは、独裁国家中国と違う民主的な政治主体であることを世界にアピールする効果もあった。

説得

2020年、総統府から駐米代表を命じられた蕭美琴は冒頭で触れたように、水を得た魚のごとく活躍した。副総統候補に指名されたことは降ってわいたような話に見えるが、実は頼清徳が以前から着目していた。頼は副総統として米国を経由して中米ホンジュラスに公式訪問した2022年、蕭に「私が民進党の総統候補に指名されたら、副総統候補として台湾に戻ってくるよう頼んでも良いか」と尋ねている。この時、彼女は前向きな返事をしなかった。2023年になり頼は総統候補登録の数カ月前、あらためて蕭に要請したが、彼女の長考は続いた。頼は元民進党主席の卓栄泰を「特使」として米国に送って説得した。蕭とともに「立法院のS.H.E」と言われた1人、邱議瑩も米国に訪れて口説いていた。総統の蔡英文も彼女に出馬を要請した。

蕭美琴は歴代の駐米代表の中でも米国で特別な地位を築いていた。米国関係者の信頼を勝ち取り、2023年1月、米紙ニューヨークタイムズから「最も影響力ある大使」と評されていた。駐米代表は本人にとっても台湾にとっても最善のポストと言える。台湾に戻り、政争にもまれるメリットはどれだけあるのか。それは当然と言える悩みだったが、蔡英文と頼清徳が共に彼女を支え、責任を引き受けるという決意を前に、彼女はまた台湾に戻ることを決めた。

「台湾を支えるのは私の義務。私たちの国のために、一緒に頑張りましょう」

総統選挙中、初めて立法委員選挙に挑戦した時と同じセリフを彼女は力強く繰り返した。以前のように恥ずかしがったり、泣き崩れたりするようなことはない。第1章で紹介したように、選挙期間中に大きな話題を呼んだ蔡英文、頼清徳とのドライブ動画では、犬好きの頼に「猫と犬、どっちが好き?」と問いかけ、対等なパートナーであることを印象づけた。政治と関係なく飼い猫と映るほのぼのとした動画も投稿し、若者や女性層への浸透も図った。

総統選挙直後、米国は非公式代表団を派遣し、頼清徳、蕭美琴と会談した。代表団に参加した大物の一人が、オバマ政権で国務副長官を務めたジェームズ・スタインバーグ。彼は駐米代表だった蕭と深い親交があるといわれる。彼女は選挙中、米台関係の重要性を繰り返し強調し、自らが「米国政府と太いパイプを持つ」と強調してきた。米国は中国と距離を置く民進党を支えつつ、その独立志向を警戒している。米国からの武器の支援や米軍による台湾軍の訓練、貿易関係の強化など、台湾にとって米国とのパイプは生命線だ。副総統として蕭は今後も重要な役割を担うだろう。猫のような軽やかさと器用さで、彼女は頼清徳を支えていく。

附

産経新聞　頼清徳氏インタビュー

中国の偽情報・選挙干渉は最大の危機
頼清徳氏インタビュー詳報

（２０１９年5月13日　産経新聞）

台湾の頼清徳前行政院長との一問一答は次の通り。

――今回の訪日の目的は

頼清徳前行政院長　在日台湾人団体の要請を受けて講演するために来た。同時に、私は中国の脅威に対応するために、日本との協力関係構築が不可欠だと考えている。選挙前に日本の友人たちと外交や安全保障について意見を交換したかった。台湾は環太平洋戦略的経済連携協定（ＴＰＰ）への参加を目指しており、ＴＰＰを主導している日本に協力を要請することも目的の一つだ。

短い訪問期間だが、３人の元首相や30人以上の国会議員と会談した。皆さんが台湾に対する高い関心を持ち、ほとんどの人が台湾を支持してくれたことにたいへん感動している。

民主主義陣営に軸足

――なぜ総統選に立候補したのか

頼氏　中国の習近平政権が台湾に対する軍事的、外交的な圧力を強めており、台湾の主権と民主主義は危機的な状況にある。

昨年［2018年］11月の統一地方選で私たちの民進党は大敗した。このままでは中国の統一攻勢を受け入れる中国国民党が政権をとり、台湾は中国に併呑《へいどん》されてしまう。私はこうした危機感から立候補し、民進党を立て直したいと考えている。

来年の総統選は、民進党にとって負けられない選挙だ。国際社会の普遍的な価値観である民主主義を選ぶか、それとも中国の独裁的な政治手法を選ぶか――を決める選挙だともいえる。

――国民党の候補者たちは中国との平和協定締結を主張しているが

頼氏　平和協定は、中台の問題を解決するものではない。六十数年前、中国はチベットと平和協定を締結したが、その後の中国はチベットに高圧的な政策をとり続け、弾圧で多くの流血事件が起きた。チベット仏教の最高指導者、ダライ・ラマはインド亡命を余儀なくされた。

独裁国家と平和協定を結べば、台湾がチベットと同じ運命をたどることが目に見えている。台湾にとって災難にほかならない。

――あなたの対中政策は

頼氏　第1に、軸足をしっかりと民主主義国家の陣営に置くこと。第2に、国際社会へ積極的に発信し、周辺国としっかりと連携体制を構築すること。第3に、国家の安全を守る態勢を増強することだ。

今の台湾にとって最大の危機は、中国による浸透だ。中国は人的交流やインターネットを通じて台湾内部に入り込み、偽情報を流布したり、選挙に干渉したりしている。現在の国内法はインターネットの時代を想定しておらず、対応しきれていない。

私が総統になったら、反浸透法、反併呑法の立法を推進したい。中国は日本に対しても浸透工作を行っているため、日本との協力体制をしっかりと構築する。国際社会と協力し、中国の民主化も促していきたい。

独立宣言はない

――米中貿易戦争をどう見ているか

頼氏　中国経済が減速すれば、台湾にとってマイナスなのは間違いない。しかし、別の意味で台湾にとってチャンスでもある。中国に進出している台湾の中小企業には対米貿易関連の製造業が多くある。米国の対中関税が25％まで引き上げられれば、これら企業は中国でやっていけなくなり、台湾に戻ってくる可能性が高い。

――立法院（国会）での答弁で「台湾独立」を主張したことがあるが、その真意は

頼氏　民進党は1999年に「台湾前途決議文」を採択した。その中に「台湾はすでに独立した民主国家であり、主権国家である現状を変更するには、台湾全住民による住民投票が必要だ」と明記されている。私が言う台湾独立とは、この「台湾前途決議文」を守る

ことだ。
中国の脅威に対抗して台湾の主権と民主主義を守り、経済的にも自立して「実務的な台湾独立」を果たす。そのことを念頭に置いており、私が当選しても台湾の独立を（新たに）宣言することはない。

――福島第1原発事故に伴う日本産食品の輸入規制についてどう考えるか

頼氏　昨年の住民投票で、被災地の食品を禁輸とすることが賛成多数を占めた。台湾の有権者に今、被災地の食品に対する不安と誤解があるのは確かだ。日本政府と一緒になり、不安や誤解をなくす努力をしなければならないと考えている。
食の安全の問題については、国際社会の基準と科学的な根拠が大事だ。私が当選すれば、この問題を円満に解決する自信がある。

（聞き手　矢板明夫）

頼清徳氏インタビュー　主なやり取り

（2020年2月17日　産経新聞）

――訪米の成果は

頼清徳次期副総統　台湾の次期副総統として先日、（米国内外の政財界人が招かれる大型会合）「ナショナル・プレイヤー・ブレークファスト」に出席した。多くの友人と会談した。現地のシンクタンクが主催するディスカッションにも参加できた。中国発の新型コロナウイルスの感染拡大問題で、米国各界から「台湾のＷＨＯ加盟を応援する」との言葉を頂いた。収穫の多い旅だった。訪米が実現したのは、台湾の民主化の成果が世界で高く評価された結果だと考えている。

――訪日の計画は

頼氏　多くの日本の友人から「就任前にも来てほしい」と誘われている。とてもありがたく思う。ただ、今のところ具体的な計画はない。台湾と日本の友好関係に利することであれば、なんでもやりたいと考えている。将来、機会があれば、ぜひ行ってみたい。台湾と日本の関係をさらに発展させるためにやれることはまだたくさんある。産業交流はいま民間主導だが、サポート態勢を構築すれば、さらに良くなる。台湾人も野球が大好きなので、カナダのチームが米大リーグに参加しているように、台湾のチームも日本のプロ野球リーグに参加できれば面白い。

――新型コロナウイルスの感染拡大について

頼氏　元医師として高い関心を持っている。中国の不透明かつずさんな対策を憂慮している。発表されている感染者数や死亡率などは本当なのか。外国の専門家を受け入れず、詳細な情報を明らかにしないため、ウイルスの発生源、感染ルートなど不明な点が多すぎて有効な対策が取れない。世界中が迷惑している。それと、武漢などの都市を強引な形で丸ごと閉鎖するやり方は本当に有効なのか。深刻な人権侵害が起きている。悲惨なニュースを目にするたび、心配と同情の気持ちで心が痛む。

――中国はＷＨＯ問題などで台湾排除をしている

頼氏　自国内で大混乱が起きているのに、中国当局は台湾をいじめることをやめようとしない。軍用機を台湾周辺に飛ばし、中間線を越えて軍事的緊張を作り出している。国際組織からの台湾排除にも躍起になっている。台湾はいま、WHOや国際民間航空機関（ICAO）のメンバーにもなっていないので、最新の感染情報も人的往来の情報も入ってこない。こんなことをするのは人権を無視する独裁国家だけだ。世界は中国の本当の姿を知ることができたのではないか。

——中国は台湾の選挙にも介入したが

頼氏　2018年の統一地方選で、中国による介入がひどかった。その経験を踏まえ、今回（今年［2020年］1月の総統選）はネット上の監視体制、資金の流れのチェックを強化し、新聞には偽ニュースを指摘するコーナーを作るなど、しっかりと対策を取ったので、中国による介入の影響をある程度抑えることができたと考える。それよりも、私たちが史上最高の得票で勝利したのは、民進党政権の改革姿勢が評価され「香港のようになりたくない」という台湾の有権者が民主主義を守ろうとした意思を示したからだと考えている。

（聞き手　矢板明夫）

【3・11を想う】台湾・副総統　頼清徳さん
災害支援通じ日台の友情深める

（2021年3月13日　産経新聞）

台湾で被災地支援　将来につながる交流。私たちはいつも一緒にいる。
東日本大震災で日本は多くの国・地域から支援を受けた。200億円を超える義援金などで日本を助けた台湾の頼清徳《らい・せいとく》副総統は当時、南部・台南市の市長として被災地支援の先頭に立った一人だ。この10年間、台湾が震災に見舞われたときの経験も振り返りながら、自然災害を通じて育まれた「友情」のさらなる発展を誓う。

――東日本大震災が起きたときの台南市民の反応は
「震災のニュースが伝わった直後、台南市の市役所には市民から電話が殺到した。『日本を支援したい』『自分にできることはないか』といった相談がほとんどだった。反応の大きさには驚いた。台南市にはかつて（の日本統治時代）、日本人技師の八田與一《はったよいち》が造ってくれたダムがあり、街が抱く日本への親しみを改めて実感した。市民と一緒に寺院などで被災者の無事を祈り、市が中心となって被災地支援のチャリティーパーティーを開くと、一晩で1億円以上集まった」

「2011年4月、私は台南市議会議長らと日本に赴き、友好関係にある仙台市に寄付金を手渡した。被災者とも触れ合った。台南市民の気持ちを直接伝えたかった。寄付金は2回で計1億4千万円ぐらいだったと思う」

――観光地支援のために栃木県日光市も訪れた

「私たちと友好関係にあるもう一つの都市、日光市の市長が台湾を訪れた際、私は震災に伴う風評被害で外国人観光客が激減していると相談を受けた。噂を打ち消すには行動で示すのが一番いいと思い、『私と台南市民が行く』とその場で約束した。ラジオで『一緒に日光に行く人を募集する』と呼びかけたら、あっという間に300人集まった。震災から約3カ月後の6月、『行こう日光』と大書されたTシャツを全員が着て、鬼怒川温泉などを回った。ほかの観光客はあまりいなかったので、どこに行っても大歓迎された」

――日本との交流はその後も続いた

「日本と台湾の間で助け合う場面は多かった。例えば、台南市の許文龍氏という企業家らは、日本の被災地の若者を台湾に招待して交流活動を続けている。こうした人と人の交流は、必ず日台の将来につながると信じている」

――16年の台南市を中心とした台湾南部地震では100人以上が犠牲になるなど、この10年、台湾も震災を経験した

「台南で16年2月6日未明に地震が起きると、日本からはその直後から支援が送られた。（台湾は）安倍晋三首相（当時）からお見舞いの手紙も頂いた。18年2月に東部・花蓮県で地震が起きたときは、安倍氏が『台湾加油（がんばれ）』と揮毫《きごう》してくれた。震災支援によって日本と台湾は心を寄せ合う本当の友人になり、互いに助け合う『善の循環』になっていると考えている」

――双方は今年を「日台友情年」と決めた

「震災から10年というのが理由の一つだ。日本のみなさんは10年前のことをよく覚えてく

れている。毎年必ず在台湾日本人らが感謝イベントを実施し、今年は日本台湾交流協会台北事務所の泉裕泰代表が中心となって台湾のシンボルタワー『ＴＡＩＰＥＩ　１０１』に、台湾と日本の友情や東京五輪成功を祈るメッセージを点灯させる式典が開かれた。多くの台湾人が感動した。この友情をさらに深めることは、われわれの責任だと考えている」

――被災者のみなさんにメッセージを

「とにかく元気でいてください。私たち台湾人はいつもあなたたちと一緒にいることを、忘れないでください。日本には先端技術があり、優しい心を持った人がたくさんいるので、どんな災害にも必ず打ち勝てると考えています。頑張ってください」

（聞き手　台北＝矢板明夫）

関連年表

頼清徳関係年表	台湾と世界の主な動き
	１９４７年　台湾で民衆が弾圧される２・２８事件発生
	１９４９年　中国共産党との内戦に敗れた国民党政府が台湾に拠点を移し、戒厳令を実施
	１９５４年　第一次台湾海峡危機
	１９５８年　第二次台湾海峡危機
１９５９年10月６日　新北市万里郷の炭鉱労働者の３男として生まれる	
１９６０年１月８日　父、頼朝金氏が炭鉱事故で死去	
	１９６２年　キューバ危機
	１９６４年　吉田茂元首相、台湾訪問
	１９６６年　中国、文化大革命開始
	１９７１年　米大統領補佐官、キッシンジャー極秘訪中
１９７２年　万里小学校卒業	１９７２年　日華平和条約破棄、日台断交
１９７５年　万里中学校卒、高校受験に失敗し、一年浪人する	１９７５年　蒋介石死去、蒋経国、中国国民党主席に就任
	１９７６年　毛沢東死去
１９７９年　高校卒業、台湾大学農学部獣医学科に入学	１９７９年　米中国交正常化、米台断交

1980年	医学部リハビリテーション医学学科に転入 呉玫如氏と出会う	1980年	韓国で光州事件
1983年	大学卒業、兵役に就く		
1984年	台北市内の病院で理学療法士として就職する	1984年	香港返還に関する英中共同声明調印
1986年	成功大学医学部に学士入学する	1986年	民主進歩党結成される
1987年	呉玫如氏と結婚する	1987年	台湾で38年及ぶ戒厳令解除
		1988年	蒋経国死去、李登輝氏総統に就任
		1989年	台湾の週刊誌「自由時代」の編集長、鄭南榕氏が国民党政権に抗議して焼身自殺 中国で天安門事件発生
		1990年	民進党が「台湾の主権独立」決議案を採択
1991年	成功大学を卒業、同大附属病院の医師となる		
		1992年	中台双方窓口機関トップによる香港協議
1994年	民進党の台湾省長候補、陳定南氏の後援会に入り、選挙活動を手伝う	1994年	台湾で統一地方選挙、陳水扁氏が台北市長に当選
		1995年	李登輝氏が訪米し、母校、コーネル大学で講演する
1996年	国民大会の代表選挙に立候補し当選	1996年	台湾で初の直接投票による総統選挙が実施、李登輝氏が当選した。中国による大規模軍事演習で第三次台湾海峡危機

１９９９年	立法委員選挙に立候補し当選	１９９９年	台湾中部で大地震、死者は２０００人以上
		２０００年	総統選挙で民進党の陳水扁氏が当選、台湾初の政権交代
		２００１年	米同時多発テロ
２００２年	立法委員再選、米ハーバード大学修士課程を修了	２００２年	台湾、世界貿易機関（ＷＴＯ）加盟
２００４年	交通規則違反の若者を注意したため、暴行を受けて大けが	２００４年	陳水扁氏、総統に再選
２００５年	立法委員３選、民進党立法委員団幹事長に就任		
２００７年	母、頼童好氏死去		
２００８年	立法委員４選	２００８年	台湾の総統選挙で国民党の馬英九氏が当選
２０１０年	台南市長に初当選	２０１０年	中国の劉暁波氏、ノーベル平和賞を受賞
２０１１年	市民３０５人を引率して友好都市の栃木県日光市を訪問し、東日本大震災後の風評被害に苦しむ観光地を回った		
		２０１２年	馬英九氏、総統再選 日本、尖閣諸島を国有化
２０１４年	台南市長再選 上海を訪問		

関連年表

		２０１５年	馬英九氏、シンガポールで中国の習近平国家主席と会談
２０１６年	世界市長会議に参加するためイスラエルを訪問	２０１６年	台湾の総統選挙で民進党の蔡英文氏が初当選
２０１７年	行政院長（首相）に就任		
		２０１８年	台湾、統一地方選挙で民進党が大敗
２０１９年	行政院長を辞任し、民進党の総統選挙党内予備選に参加し、蔡英文氏に敗れる	２０１９年	香港で大規模な反政府デモ
２０２０年	副総統に当選し、就任	２０２０年	台湾の総統選挙で蔡英文氏が再選
２０２２年	訪日し、安倍晋三元首相の葬儀に参列	２０２２年	ロシア、ウクライナを侵攻 台湾、統一地方選挙で民進党が大敗
２０２３年	民進党主席に就任 総統選挙に出馬		
２０２４年	総統に当選		

周玉蔻（しゅう・ぎょくこう）

台湾の記者、評論家、ニュースキャスター。1953年台湾北部、基隆市生まれ。政治大学新聞学部卒。米ハーバード大学ケネディスクールで公共政策の修士号を取得した。雑誌編集者、新聞記者などを経て、1990年代からラジオとテレビでキャスターとして活動する。『李登輝の一千日』『蔣方良と蔣経国』など著書多数。2018年にネットメディア、「放言科技伝媒」を設立し、責任者を務める。

矢板明夫（やいた・あきお）

産経新聞台北支局長。1972年、中国天津市生まれ。15歳のとき中国残留孤児二世として千葉県に引き揚げ。慶應義塾大学文学部卒業。2002年、産経新聞社に入り、07年から約10年間、産経新聞中国総局（北京）特派員を務めた。20年から現職。12年『習近平　共産中国最弱の帝王』（文藝春秋）で樫山純三賞受賞。著書に『戦わずして中国に勝つ方法』『習近平の悲劇』（産経新聞出版）など多数。

頼清徳　世界の命運を握る台湾新総統
令和6年5月15日　第1刷発行

著　　者　周玉蔻
翻訳・編著　矢板明夫
発 行 者　赤堀正卓
発 行 所　株式会社産経新聞出版
〒100-8077 東京都千代田区大手町 1-7-2
産経新聞社8階
電話　03-3242-9930　FAX　03-3243-0573
発　　売　日本工業新聞社　電話　03-3243-0571（書籍営業）
印刷・製本　株式会社シナノ
電話　03-5911-3355

ISBN 978-4-8191-1435-6　C0095